U0595520

许渊冲 译

安宁 解析

英译婉约宋词

春风十里柔情

许渊冲英译婉约宋词

汉英对照

江苏凤凰文艺出版社

图书在版编目（CIP）数据

春风十里柔情：汉英对照 / 许渊冲译；安宁解析
. -- 南京：江苏凤凰文艺出版社, 2022.11
ISBN 978-7-5594-7137-6

Ⅰ. ①春… Ⅱ. ①许… ②安… Ⅲ. ①古典诗歌－诗集－中国－汉、英 Ⅳ. ①I222

中国版本图书馆CIP数据核字(2022)第161576号

春风十里柔情：汉英对照

许渊冲　译　安宁　解析

责任编辑　周颖若
特约编辑　刘文文　李辉
装帧设计　末末美书
出版发行　江苏凤凰文艺出版社
　　　　　南京市中央路 165 号，邮编：210009
网　　址　http://www.jswenyi.com
印　　刷　北京盛通印刷股份有限公司
开　　本　787 毫米 × 1092 毫米　1/32
印　　张　8
字　　数　150 千字
版　　次　2022 年 11 月第 1 版
印　　次　2022 年 11 月第 1 次印刷
书　　号　ISBN 978-7-5594-7137-6
定　　价　49.80 元

紅紅白白景如攢，
人面枝枝帶笑看。
都恨有花無好月，
夜深猶自倚欄干。
清湘老人濟

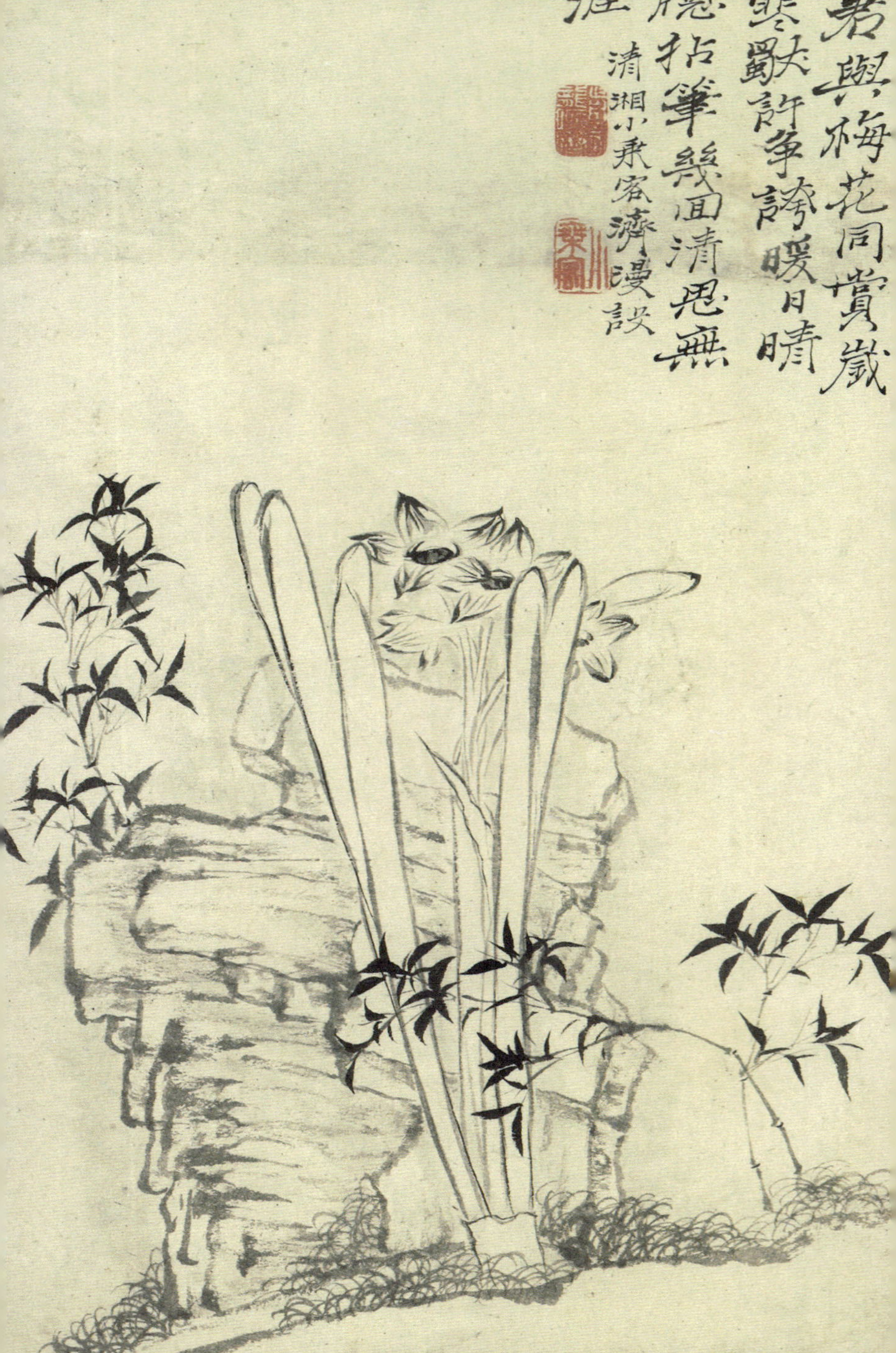
君與梅花同賞歲
寒獸許爭誇暖日晴
腮拈筆幾回清思無
涯
清湘小乘客濟漫設

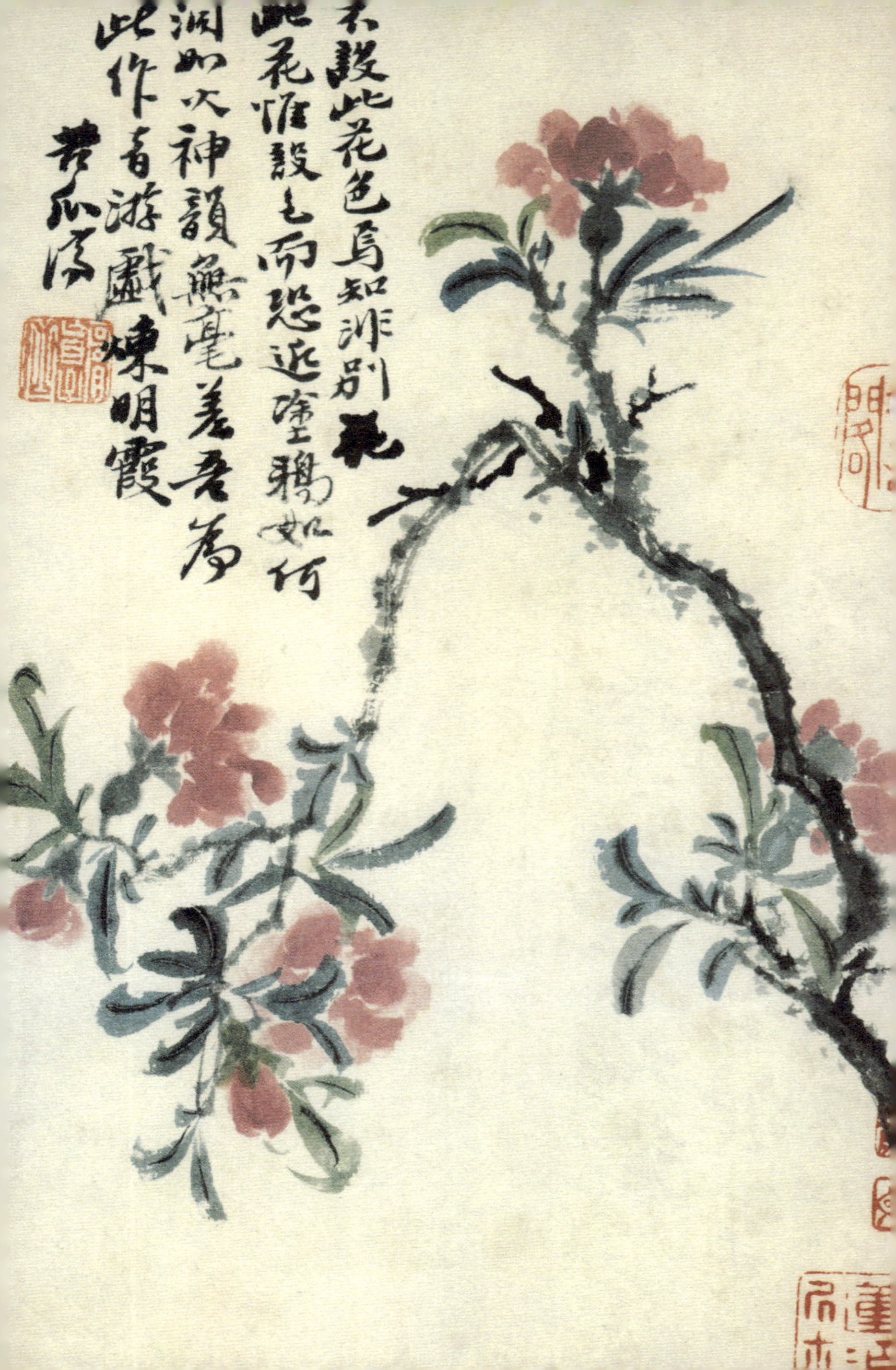
不設此花色焉知非別花
此花惟設色而恐近塗鴉如何
洞如火神韻無毫差吾爲
此作者游戲煉明霞
苦瓜濟

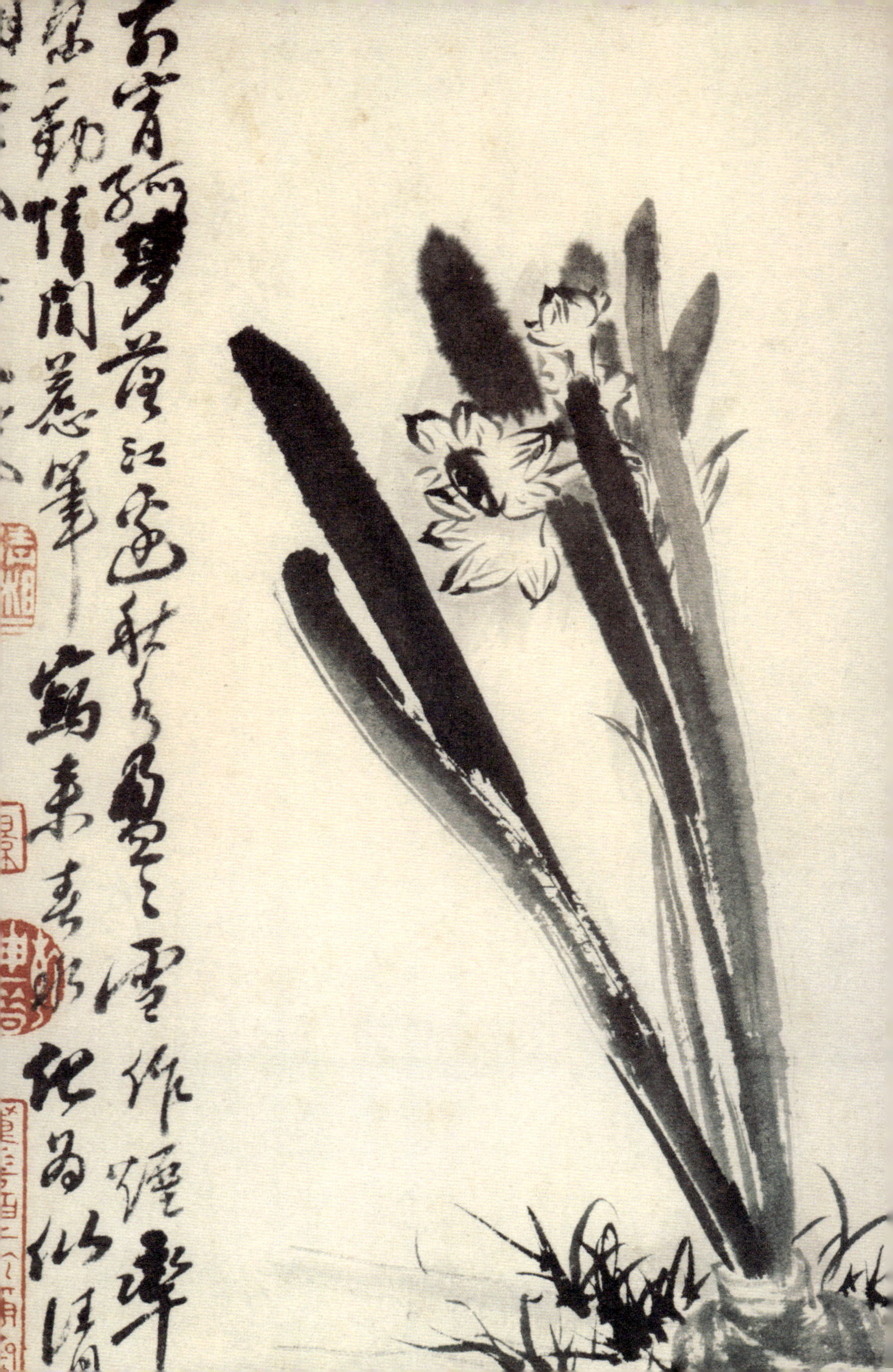

目录

Contents

Telling Innermost Feeling

Gu Xiong

Deserted anew,
O Where can I find you this endless night?
No news from you,
My scented chamber closed tight,
My eyebrows knit.
The moon about to set,
How can I bear to think of it?
I loathe this lonely coverlet.
If you exchanged your heart for mine,
You could divine
How deep for you I pine!

诉衷情·永夜抛人何处去

顾敻

永夜抛人何处去？绝来音。香阁掩，眉敛，月将沉。

争忍不相寻？怨孤衾。换我心，为你心，始知相忆深。

顾敻（音 xiòng）

五代词人。生卒年、籍贯及字号均不详。前蜀王建通正（916年）时，以小臣给事内廷，见秃鹫翔摩诃池上，作诗刺之，几遭不测之祸。后擢茂州刺史。入后蜀，累官至太尉。顾敻能诗善词，善填各种结构上迥然不同的词，词风绮丽却不浮靡，意象清新生动，情致悱恻缠绵，有些词作（如《荷叶杯》）还化用口语，朗朗上口，增加了谐趣和可读性。《花间集》收敻词55首，《全唐诗》同，全部写男女情爱，所录各词尽是佳作。

●译文

漫漫长夜你撇下我去了哪里啊？音讯全无。无奈地关上闺房的门，蹙着眉头，看那月亮就要西沉，天将破晓。

怎么忍心不苦苦追寻你啊？怨恨这孤眠独寝。只有把我的心，换到你的心里，你才会知道，这相思有多深。

●解读

这是一首女子怨恋相思之词。此词运用白描手法，写了一位独守空闺的少妇在漫漫长夜中的孤寂与怨恨，以及她怨中有爱，爱怨兼发的复杂内心。

“换我心，为你心，始知相忆深。”这是这首词中最打动人心之语。情之所至，忽发痴语，这是女子发自内心深处的表白和对弃约男子的深情呼唤。女子希望把自己的一颗心，移植到男子的心腔里，以取得他对自己思念之深的理解。但假若对方已经彻底绝情，即便拿命来换，怕他也不会回心转意。所以明朝汤显祖在《花间集》评本中，曾一语道破：“若到换心田地，换与他也未必好。”虽是如此，却可见女子感情激愤而又无可奈何，沉哀深痛，入木三分，既有对男子的嗔怨，又透出女子的一片深情，令人低回不尽。

清朝王士祯在《花草蒙拾》中曾指出："顾太尉'换我心，为你心，始知相忆深'，自是透骨情语。徐山民'妾心移得在君心，方知人恨深'全袭此。"王国维在《人间词话》中，也曾把此词作为"有专作情语而绝妙者"的典范，并说："此等词，求之古今人词中，曾不多见。"足见评价之高。

《聊斋志异》中《画皮》里迷恋女色的王书生，一颗真心，终被女鬼吃掉，自己也差一点丢了性命。可见爱若给错了人，把性命丢掉，也不能换来对方的真心。那沉溺在爱情中，不能认清所爱之人或许已经移情别恋的女子啊，总是心怀着最后的期待，一边无望地等待，一边心生着怨恨，一边还要将心门留出一道缝隙，以便那人可以随时出入。又恨不能将自己这颗被爱折磨着的心，掏出来放入对方的身体里，让他知道她正怎样忍受着相思，怎样望穿了秋水，日夜期待与他相见，怎样怨他恨他又思他想他，卑微到犹如尘土，被他踩踏一脚，还要忍着疼痛，开出一朵璀璨的花，将路过的他来取悦。可是这漫长孤独的黑夜里发出的深沉的呼唤，最终什么也没有换来，只见窗外天光微明，又一个无尽等待的夜晚，即将消逝。

Gratitude for New Bounties

Li Yu

On moonlit steps, oh, all
The cherry blossoms fall.
Lounging upon her ivory bed, she looks sad
For the same regret this day last year she had.
Like languid cloud looks her disheveled head;
With tears is wet her corset red.
For whom is she lovesick?
Drunk, she dreams with the window curtain thick.

谢新恩·樱花落尽阶前月

李煜

樱花落尽阶前月，象床愁倚薰笼。远似去年今日，恨还同。

双鬟不整云憔悴，泪沾红抹胸。何处相思苦？纱窗醉梦中。

李煜（937年—978年）

南唐末代君主（961年—975年在位），世称李后主，词人。降宋后两年，因写亡国感怀诗《虞美人》，被宋太祖赐毒而死。李煜能诗善文，爱好音乐，亦工书画，尤以词名，被誉为“千古词帝”。其词以降宋为界，可分前后两期。前期词大都描写宫廷享乐生活，风格柔靡，亦有清丽之作；后期词多抒发亡国被俘的痛苦，以及对往昔帝王生活的怀念，表现出浓重的感伤情绪。在题材和意境方面，突破了晚唐以来以艳情为主的窠臼，使词从音乐的附庸渐变为抒情述怀的工具。现存词44首，诗16首。

李煜在位期间，虽后宫嫔妃甚多，却对两位皇后用情极深。其一为大周后，精通书史，善音律，尤工琵琶。李煜曾为她创作多首诗词，其生病时，则衣不解带，亲伺进药。大周后去世后，李煜又娶周后之妹小周后为皇后。南唐亡国后，李煜与小周后一同被俘入北宋汴京，携手度过三年“日夕以泪洗面”的囚禁生活，受尽屈辱。李煜客死他乡后，小周后悲痛欲绝，不久也随之而去。

●译文

满树樱花无声地飘落在洒满月光的石阶前，独坐象牙床上，满面哀愁地倚着熏笼。去年今日我们别离，此刻相距迢迢，别恨依旧。

而今我秀发不整，黯淡无光，容颜憔悴，眼泪打湿了胸前红色的抹胸。最苦的相思是哪一种呢？莫过于梦中醉眼相见，无限欢娱，梦醒之后却转瞬成空。

●解读

这是一首闺阁思人之作。全词以女子的愁情别绪为中心，以景映衬，虚实相映，于同中见不同，笔意含蓄，手法高妙，将一个为情所困、为愁所苦的女子生动地展示给读者。其具体创作时间不详，大致属于李煜初期作品，是他代宫中女子抒写想念意中人的无可奈何之情而作。

“何处相思苦？纱窗醉梦中。”这首词最动人的词句就在这里。身在天涯海角的恋人总希望梦中相会，殊不知梦中的相思最苦，因为那相见的甜蜜一睁开睡眼，便转瞬成空。现实中的孤独凄清，与梦中的无限温存发生碰撞，不仅没有丝毫慰藉，反而更平添许多愁怨。这两句以设问写出，寓意丰富，含蓄蕴藉，将女子的愁思怨情表现得淋漓尽致。

离别的最初，愁思中还夹杂着与离去之人曾经有过的欢乐。因了这份欢乐，每日的思念是橘红色的，带着黄昏时夕阳洒落大地的暖。这天地间最后的光，包裹着孤独的人，让她内心的苦楚平添淡淡的甜蜜。恍惚间觉得周围的一切，还浸润着他的温度，所到之处也都是他的气息。她曾与他散步的小径上，又落满了绚烂的樱花，它们在月光里，散发着莹润的光。一晃又是一年光阴逝去，一切看似与往昔一样，依然是孤独一人，依然是月光下缤纷的落花，可是这让人无望的等待，这梦中转瞬即逝的相见，却让这份离愁充满了苦涩，仿佛是到此刻，她才真正意识到，过往的欢乐，原来一去永不复返。

Song of Flower Shrub

Zhang Xian

When will the sorrow end
To watch my parting friend
From a tower above?
Nothing is so intense as love.
My sorrow interweaves
A thousand twigs of willow leaves;
The pathway east of the town
Is shrouded in wafting willow down.
His neighing steed is far away,
A cloud of dust still darkening the day.
Where is the place
To find my lover's trace?

A pair of lovebirds seems to melt in water clean;
Little leaflike boats go
North and south, to and fro.
After dusk in the twilight
I dare not go up the painted bower on the height.
What will again be seen
But the waning moon shining on window-screen?
How deeply I envy peach and apricot trees
Newly wed to and oft caressed by venal breeze!

一丛花令·伤高怀远几时穷

张先

伤高怀远几时穷？无物似情浓。离愁正引千丝乱，更东陌、飞絮蒙蒙。嘶骑渐遥，征尘不断，何处认郎踪？

双鸳池沼水溶溶，南北小桡通。梯横画阁黄昏后，又还是、斜月帘栊。沉恨细思，不如桃杏，犹解嫁东风。

张先（990年—1078年）

北宋词人，字子野，乌程（今浙江湖州）人。天圣八年（1030年）进士，历任宿州掾、吴江知县、嘉禾（今浙江嘉兴）判官等职，治平元年（1064年）以尚书都官郎中致仕。张先一生淡泊名利，交友甚广，晏殊、宋祁、欧阳修、王安石和苏轼等人都是他的好友。张先以“不如桃杏，犹解嫁东风”及“云破月来花弄影”诸名句蜚声北宋词坛。其词大多反映士大夫的诗酒生活和男女之情，尤其擅长写悲欢离合之情，对都市社会生活也有所反映。著有《张子野词》，存词180多首。

张先一生安享富贵，诗酒风流，颇多佳话。忘年交苏轼曾赠诗“诗人老去莺莺在，公子归来燕燕忙”，作为其生活的写照。传说张先年轻时曾与一僧尼相好，因庵中老尼严厉，不得不深夜划船到岛上楼阁爬梯相会。后二人被迫分手，临别时张先不胜眷恋，写下《一丛花令》寄意。又传张先八十岁时仍娶十八岁女子为妾，后此妾八年为他生下两男两女。

●译文

伤高怀远之情之所以无穷无尽，是因世间没有任何事情比真挚的爱情更为浓烈。心中的离愁别恨牵引得柳条愈发纷乱，更何况东边的小路上，还有那漫天飞絮惹人烦恼。想当时郎骑着嘶鸣的马儿逐渐远去，消逝于尘土飞扬之中，今日登高远望，茫茫天涯，要到哪里去认出你的踪影?

不远处有座宽广的池塘，池水溶溶，鸳鸯成双成对地在池中戏水，小船来往于池塘南北两岸。只见梯子横斜着，整个楼阁被黄昏的暮色笼罩，一弯斜月低照着帘子和窗棂。怀着深深的怨恨，细细地想想自己的身世，甚至还不如飘零的桃花杏花，它们在快要凋谢的时候，还懂得嫁给东风，寻到归宿，而我却只能在形影相吊中，日日消磨着青春。

●解读

词中描写了一位女子在恋人离开后，独处深闺的相思和愁恨。

词中最动人也被历代传诵的是结尾两句，“不如桃杏，犹解嫁东风”。其形象新奇的比喻，表现了女子对爱情的执着，对青春的珍惜，对世俗生活的对抗，以及对美好事物的追求。欧阳修因此对张先非常钦佩，并在张先主动登门拜访时，留下因激动而倒穿拖鞋出门迎接的佳话，并送其“桃杏嫁东风郎中”的雅号，足可见张先的词在当时影响之大。

青春总是多愁思，仿佛这怒放的日月一过，人便满目沧桑，时日不多。这愁思恰恰是因为青春有璀璨耀眼的光芒，而这绚烂的光芒，又如樱花般短暂，让人怜惜，于是恋爱中的人总是写满了哀愁。青春如此盛大，又如此不堪一击，仿佛枝头桃李，不经意间便韶华逝去，随风飘零。可是桃李尚知晓在凋零老去时，嫁于东风，深陷思念的人啊，却迟迟等不来远方爱人的消息，又无法对抗这强大的世俗人间，只能在孤独中消磨着青春，这多么令人痛惜！

A Thousand Autumns

Zhang Xian

The cuckoo showers
Tears of adieu on fallen flowers.
Lovers of spring would pluck a sprig of fading red.
Light drizzle and strong breeze
Have greened mume trees.
All day long no one sees the willow-down
Like snow or flowers dead waft up and down.

Don't pluck the lonely string,
Or of grief it will sing
The sky never grows old;
Love won't turn cold.
Like a silken net is my heart;
I can't untie its thousand knots nor set them apart.
The night will pass away;
The waning moon is frozen before the break of day.

千秋岁·数声鶗鴂

张先

数声鶗鴂，又报芳菲歇。惜春更把残红折。雨轻风色暴，梅子青时节。永丰柳，无人尽日飞花雪[1]。

莫把幺弦拨，怨极弦能说。天不老，情难绝。心似双丝网，中有千千结。夜过也，东窗未白凝残月[2]。

①飞花雪一作：花飞雪。

②凝残月一作：孤灯灭。

知识小贴士

这是一首伤春怀人之作，写的是横遭挫折的爱情和“虽九死而犹未悔”的爱情信念。词人借助暮春景色写悲欢离合之情，声调激越，极尽曲折幽怨之能事；同时韵高而情深，含蓄又激越，兼具婉约与豪放两派的妙处。

上阕写暮春的景色：雨轻风紧，催落繁花；杜鹃啼血，呼唤着春天的完结；惜春人在花丛中寻找并采摘着残花；杨花在风中飞絮，犹如飘雪。词人完全运用景物描写，来烘托、暗示美好爱情横遭阻抑的沉痛之情。

下阕则为恋人抒情：天不老，情难绝，心有千千结。以此表达即便遭遇现实的挫折，只要心怀深爱，就依然有反抗的决心。虽然东方未白，但中夜已经过去，这摧残爱情的疾风骤雨，在强大的信念面前，也终会停歇。

●译文

杜鹃声声，又来提醒人们这烂漫的春光即将逝去。惜春人更想将那残花折下，挽留点点春意。不料梅子青时，便被无情的风暴突袭。看那庭中的柳树，在无人的园中整日随风飞絮如飘雪。

切莫把琵琶的细弦拨动，细弦能够诉说出极致的怨恨。苍天不会老去，爱情也永远不会断绝。多情的心就像那双丝网，中间有千千万万个结。中夜已经过去，东方未白，尚留一弯残月。

●解读

暮春时节，杜鹃的声声鸣叫，总让人感觉有一种巨大的虚空，正穿越天地席卷而来。仿佛有什么东西即将逝去，永不会归来。恰是枝头的残花，提醒着爱情中的人，这同样遭受着风吹雨打的深爱啊，或许会在现实的摧残下凋零。

可是痴情的人啊，永远相信爱情的微光，会穿越黑暗的夜空，刺进黎明。天光未白，可是沉沉的夜色正在过去，一切都在寂静中积蓄着无穷的力。这亘古的天空不会老去，这绵绵不绝的爱情，也永不会消逝。

Spring in Jade Pavilion Spring Grief

Yan Shu

Farewell pavilion green with grass and willow trees!
How could my gallant young lord have left me with ease!
I'm woke by midnight bell from dim dream in my bower;
Parting grief won't part with flowers falling in shower.

My beloved feels no sorrow my loving heart sheds;
Each string as woven with thou-sands of painful threads.
However far and wide the sky and earth may be,
They can't measure the lovesickness o'erwhelming me.

玉楼春·春恨

晏殊

绿杨芳草长亭路，年少抛人容易去。楼头残梦五更钟，花底离愁[1]三月雨。

无情不似多情苦，一寸还成千万缕。天涯地角有穷时，只有相思无尽处。

①离愁一作：离情。

晏殊（991 年—1055 年）

宋代词人，字同叔，抚州临川（今江西抚州）人。北宋景德二年（1005 年）以神童入试，赐同进士出身。宋仁宗时，他更受宠遇，最终官拜集贤殿大学士、同平章事兼枢密使，成为宰相。当时名臣范仲淹、富弼、欧阳修和词人张先等，均出其门。与欧阳修并称“晏欧”，后世尊其为“北宋倚声家初祖”。以词著于文坛，尤擅小令，亦工诗善文。其词风娴雅而有情思，语言婉丽，音韵协和。著有《珠玉词》。

晏殊 27 岁之前，其弟弟、父亲、母亲、妻子李氏先后去世，致其对生死有极深感悟。40 岁时，爱妻孟氏又去世，续娶王氏。可惜王氏性格泼辣善妒，晏殊对她很是忌惮。后晏殊爱上歌女萧娘，将其带回府中，每次琴瑟相合，歌舞为伴，很是逍遥。王氏因妒生恨，逼其卖掉。朋友张先写词感慨，晏殊想通，决定为自己而活，又将萧娘赎回。两人重逢，晏殊眼含热泪，为萧娘写下知名的《浣溪沙》：“无可奈何花落去，似曾相识燕归来。”

●译文

在绿杨垂柳、芳草萋萋的长亭古道上，恋人轻易地就将我抛下，转身离去。五更的钟声惊破了残梦，听见窗外春雨潇潇，花瓣带着离愁，纷纷坠落。

无情怎似多情之苦，那一寸芳心化成了千丝万缕，蕴含着千愁万恨。天涯海角再远也有穷尽，只有别离后的相思，绵绵不绝，没有尽头。

●解读

此词描写送别时依依难舍的心情和离别后无穷无尽的离愁，抒写了人生离别相思之苦，寄托了作者有感于人生短促、聚散无常而生发出的感慨。词人不事藻饰，没有典故，通过白描手法反映思妇难以言宣的相思之情，读来感情真挚，情调凄切，绰约多姿。

清代陈廷焯在《白雨斋诗话》中点评曰：晏元献之“楼头残梦五更钟，花底离愁三月雨”……婉转缠绵，深情一往，丽而有则，耐人寻味。

如果人人都是无情的人，可以轻易地就将过去抛弃，不带丝毫留恋地忘记过往所爱，那么，世间会不会少一些哀伤，多一些快乐？无情的人反而活得轻松，离去时不带任何负累。倒是那些有情的人啊，每每都坠入爱的深渊，发出苍凉的呐喊，却得不到任何人的回应。就连那个思念的人，也似乎消失，一去杳无音信，徒留有情人独自悲痛。所以一段爱情中，受伤最重的，一定是用情最深之人。那些活得轻松的恋人啊，或许他们参透了生命的本质，知道当我们抵达死亡，没有什么可以带走，于是转身上路，不恋丝毫。又或许，他们从未知晓，一旦被爱情的利箭击中，会有怎样刻骨铭心、绵延不绝的爱与痛。

Treading on Grass

Yan Shu

The celestial blue sea is calm and free;
To Heavenly Abode there is a road.
I thought together we'd fly to Paradise on high.
But how could I, light-hearted, with my beloved have pared?
The mountain's high and far, how can I know where you are?

Dust-covered is your velvet seat,
And mist-veiled is your fragrant bower.
How could I send to you my letter sweet?
At dusk I stretch my sight from lofty tower;
On phoenix leaves the rain falls shower by shower.

踏莎行·碧海无波

晏殊

碧海无波，瑶台有路。思量便合双飞去。当时轻别意中人，山长水远知何处。

绮席凝尘，香闺掩雾。红笺小字凭谁附？高楼目尽欲黄昏，梧桐叶上萧萧雨。

知识小贴士

此词写的是与恋人的离愁别恨，侧重“轻别”。作者先忆起离别时的感伤，后悔没与恋人一起离去；后又用此刻空空荡荡的闺房，和雨中苍茫的雾霭，表达对恋人的牵挂和内心深情。全词风格含蓄，凄哀婉转，让人动容，结笔最妙，蕴藉韵高，尤堪玩赏。

此首词应是作于天圣五年（1027 年），晏殊贬知宣州途中。因他反对张耆升任枢密使，违反了刘太后的旨意，加之在玉清宫愤怒地用朝笏撞折侍从的门牙，被御史弹劾，以刑部侍郎贬知宣州，此词即在途中所作。

●译文

碧海波平，没有险阻，瑶台有路，条条畅通。细细思量，当初该与你双双飞去。那时与你轻易分离，而今山高水远，让我何处去寻你。

灰尘落满了绮席，薄雾缭绕着香闺。写好的书信，如何送到你的手中。登上高楼，望向天际，见潇潇细雨，洒满梧桐树叶，看看天色，已近黄昏。

●解读

每逢想起与你离别，心中总是恨意难平，原本可以双飞同去，却为何没有与你一起自由行走天涯？而今远隔万里，音讯全无，让我再去哪里寻找你的足迹，与你纵情歌酒？人生如此短暂，奈何却总是被现实羁绊，让我们的爱情，化作浮萍，雨打风吹去。

时光匆匆逝去，推开曾经盛满我们欢声笑语的房门，看到你坐过的席子上落满了尘埃；薄雾从地平线上浮起，仿佛是内心愁绪，缭绕空空荡荡的闺房。想起那时，你坐在我的旁边，喝酒吃茶，与我轻声细语，聊起花园中桃花谢了，果实缀满了枝头，一对新婚的燕子，在檐下筑了新巢，即将生儿育女。

可是而今，我登上高楼，望尽天涯路，却只见细雨拍打着梧桐树叶，黄昏中四野茫茫，一片萧瑟，独不见你的身影。

Mountain Hawthorn

Ouyang Xiu

Last Festival of Vernal Moon,
The blooming lanterns bright as noon.
The moon above a willow tree
Shone on my lover close to me.

This Festival comes now again,
The moon and lanterns bright as then.
But where's my lover of last year?
My sleeves are wet with tear on tear.

生查子·元夕

欧阳修

去年元夜时，花市灯如昼。月上柳梢头，人约黄昏后。

今年元夜时，月与灯依旧。不见去年人，泪湿春衫袖。

欧阳修（1007 年—1072 年）

北宋政治家、文学家，为“唐宋八大家”之一。字永叔，号醉翁、六一居士，吉州吉水（今属江西）人。天圣八年（1030 年）中进士及第，历仕仁宗、英宗、神宗三朝，官至翰林学士、枢密副使、参知政事。后人将其与韩愈、柳宗元和苏轼合称“千古文章四大家”。欧阳修是宋代开创一代文风的文坛领袖，领导了北宋诗文革新运动，也对诗风、词风进行了革新。有《欧阳文忠集》传世。

欧阳修中进士时所娶胥夫人，婚后不久便因难产而死。其第二次婚姻为“榜下捉婿”，当时亳州知州杨大雅听闻欧阳修的才华，早早告诉众人，其已被自己预定，谁都不能抢。等欧阳修中榜，便着手准备自己女儿与欧阳修的婚事。杨大雅的女儿非常文静，又知书达理，但与欧阳修成婚后，也很快去世。后欧阳修又续娶名臣薛奎四女为妻。

●译文

去年正月十五元宵节，花市灯光亮如白昼。月儿升起在柳树梢头，他约我黄昏后同叙衷肠。

今年正月十五元宵节，月光与灯光同去年一样。只是再也看不到去年的那个人，泪水忍不住湿透了衣衫。

●解读

此词通过对去年今日的往事回忆，抒写了物是人非之感。既写出了当日相恋的甜蜜与温馨，又写出了今日伊人不见的怅惘与忧伤。也有研究者认为这是景祐三年（1036 年）词人怀念他的第二任妻子杨氏夫人而作。

此词言语浅近，情调哀婉，用“去年元夜”与“今年元夜”，将不同时空的场景贯穿起来，写出一位女子悲戚的爱情故事。此词的构思与唐朝崔护的《题都城南庄》诗相近，却因更见语言的回环错综之美，而具民歌风味。明代徐士俊认为，元曲中“称绝”的作品，都是仿效此作而来，可见其对这首《生查子》的赞誉之高。

物是人非，这人类永无绝灭的爱情之伤，千百年来被多少人哀叹。生与死，新与旧，犹如四季轮回，交替而生。那昔日新鲜的容颜，再也不出现。即便那笑对春风的朵朵桃花，长在同样的一棵树上，却不再是去年的那朵。而夜空中永恒般的星辰，它们此刻闪烁的光芒，也可能是走了几十万年，才穿越苍茫宇宙，抵达我们的星球。此时与彼时，隔着刹那，却一新一旧，永难回返。这流逝的岁月，不管如何之美，都永不再现。而那旧日与你欢笑的恋人啊，又在世间的哪个地方，与什么人共度这一生？

Green Jade Cup

Ouyang Xiu

How many happy things in the spring of a year?
Two-thirds of them have passed away.
Shady green leaves and red flowers appear
Cheerful and gay.
The courtyard shaded by willow trees
And curtains ruffed by warm breeze.
Alone I'm languid, ill at ease.

In the capital I buy flowers and drink wine.
How can they vie with peach and plum in homeland mine?
Why should the eastern breeze blow down my tears in streams?
It is hard to express my homesickness.
And I cannot rely on dreams.
To go home is the best of all the ways
To spend the rest of my days.

青玉案·一年春事都来几

欧阳修

一年春事都来几，早过了、三之二。绿暗红嫣浑可事。绿杨庭院，暖风帘幕，有个人憔悴。

买花载酒长安市，又争似、家山见桃李。不枉东风吹客泪。相思难表，梦魂无据，惟有归来是。

知识小贴士

此首词被选入《宋词三百首》，作者用平淡的语言、纡缓的节奏和曲折的对比，抒发了人们心中常有的伤春感受。根据词意推测，这是欧阳修晚年以伤春、怀人、思归为内容的词作，创作具体时间因资料缺失，难以考证。上阕侧重写春愁，蕴含着无限伤感，下阕侧重写思乡，折射出作者厌倦宦游、欲归乡的心情。全词语言浅显易懂，句式错落有致，情感含蓄婉转，动人心魄。换头两句是比兴手法，“买花载酒”指结交名妓，“家山桃李”指家中娇妻。

“青玉案”系词牌名之一，取于东汉张衡《四愁诗》“美人赠我锦绣段，何以报之青玉案”一句。辛弃疾、李清照等人都写过“青玉案”。

●译文

细细算来，一年春光已过了三分之二。绿叶葱翠，红花娇艳，都是人间愉快的事。庭院中，绿杨婆娑，暖风吹动帘幕，有个人却忧心忡忡，一脸憔悴。

就算天天在长安市里买花载酒，享受荣华富贵，又怎比得上在故乡看见桃李花开。不怨春风吹落异乡人的眼泪，实在是相思难以倾诉，梦魂也飘忽无依，只有归来那天，才会一切如愿。

●解读

世间的草木花朵都是一样的，经过漫长的寒冬，一嗅到春天的气息，便竞相绽放、争奇斗艳，红的娇美，白的纯净，黄的明亮，粉的羞怯。可是行走在这生机勃勃的春日里，听到鸟儿啁啾歌唱，本应跟着雀跃的一颗心，却生出万般的哀愁。

人生倏忽，一个人在外行走，看到暖风吹动了帘幕，才恍然离家太久，而日夜思念的那个人，也已相隔千里，就连梦中都无法相见。即便此刻漫山遍野皆是花团锦簇，哪比得上家中庭院里，一棵桃树的明艳耀眼。想起那年，与相爱的人站在桃树下，春风吹过，一只蜜蜂嗡嗡飞来，落在柔软的花瓣上，采撷着甜美的汁液，又有两只翩翩起舞的蝴蝶，误把爱人当成一朵桃花，停在她青葱的鬓角。

而今啊，这些美好的人生片段，在梦里都遍寻不见。每日在长安城里买花醉酒，却被这异乡的春风吹落了泪水。只盼着那一天，爱人站在璀璨的桃树下等我归来，共赏似锦繁花。

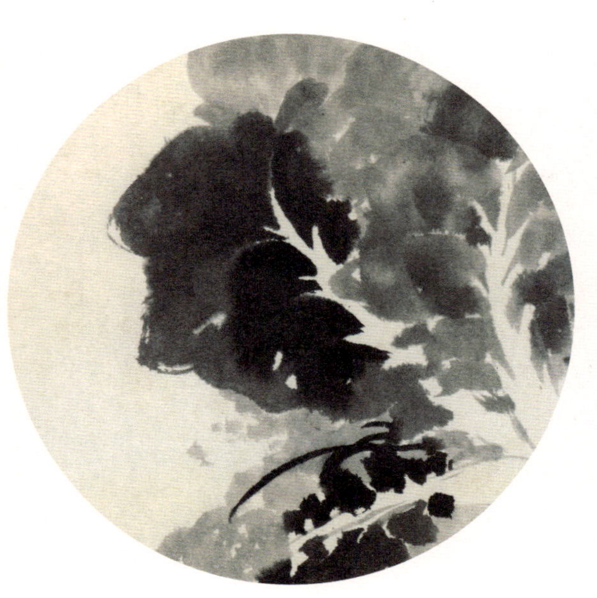

Mountain Hawthorn

Ouyang Xiu

Shy, she arranges her hair adorned with jade,
And often looks at me when a tune is well played.
Like rows of wild geese slant her thirteen strings;
As oriole's vernal song note on note sings.

Easy to fly away the fair cloud seems.
Where can I find her, awake from my dreams?
Locked up with the twilight in my bower.
I hear on banana leaves fall shower on shower.

生查子·含羞整翠鬟

欧阳修

含羞整翠鬟，得意频相顾。雁柱十三弦，一一春莺语。

娇云容易飞，梦断知何处？深院锁黄昏，阵阵芭蕉雨。

知识小贴士

此词写一女子与情郎相聚时弹筝的情景，以及短暂欢会后，两情隔绝，深陷思念的哀愁。全词营造了一种萧瑟凄清的艺术境界，蕴藉含蓄，韵味悠长。

这首词巧妙地运用了哀乐对比，上阕充满欢乐的气氛，明快的节奏；下阕则情深调苦，表现了孤单寂寞的悲哀。以乐景反衬哀情，则哀情更为动人。弹筝的女子与背后英俊的少年，错综叙写，虚实相应，营造出复调式的景深空间。同时，词人采取跳跃的过渡形式，一笔带过欢会与饯别，只刻画初会和别后的两个片段，显得笔酣墨畅，婉曲动人。

清代黄苏在《蓼园词选》中点评：前一阕写得意时情怀，无限旖旎；次一阕写别后情怀，无限凄苦；胥以筝寓之。凡遇合无常，思妇中年，英雄末路，读之皆堪泪下。

●译文

弹筝之前，她娇羞怯怯，理了理头发。弹到得意处，她忘记方才的羞怯，不时回眸，看着身旁的他。纤纤玉手拨动筝弦，轻拢慢捻，发出悦耳的曲调，仿佛代她倾诉着心曲。

曲罢人去，宛如飞云飘逸，只留下娇柔的身影。春梦已断，不知何处寻觅。庭院深深，锁住寂寞的黄昏，阵阵急雨，敲打着芭蕉。

●解读

相会时的一切都如此美好。即便沐浴在黄昏里，也觉得那即将逝去的光是暖的。年轻的恋人如此娇羞妩媚，举手投足，都让人内心荡漾，宛若水上动人的波纹。雨点敲打着窗外的芭蕉，发出啪嗒啪嗒的声响，也仿佛你弹奏出的音符，轻快地在人间起舞。

可是当你离去，一切都变了色泽。坐在黄昏的窗前，看到庭院的每一个角落，都被哀伤的云雾渲染。夕阳给大地涂抹上清冷的哀愁。所有树木都在这哀愁中静默无声，风吹来呜咽的声响，仿佛什么人隐匿在角落里，发出孤独的啜泣。最怕那雨落大地，一滴一滴，全是我离别后的眼泪，将浓稠的夜色，一下一下击穿。

Shortened Form of Lily Magnolia Flowers

Wang Anguo

Beneath painted bridge water flows by;
The fallen flowers wet with rain can no more fly.
The moon breaks through twilight;
Fragrance within the curtain's smelt ere I alight.

Silently lingering around,
Where will my dreaming soul tonight be found?
Unlike the weeping willow,
Whose down will fly into your room and on your pillow.

减字木兰花·春情

王安国

画桥流水，雨湿落红飞不起。月破黄昏，帘里余香马上闻。

徘徊不语，今夜梦魂何处去？不似垂杨，犹解飞花入洞房。

王安国（1028年—1074年）

祖籍临川（今江西抚州），北宋时期诗人，宰相王安石同母弟弟，与王安礼、王雱并称为“临川三王”。屡次参加科举，都因仕籍纠葛，41岁才得以被赐进士。先后担任过西京国子监教授、崇文院校书、秘阁校理等职。诗、词、文三类作品皆丰，但大多已佚，有词3首传世。

生母吴氏，为其父亲王益的第二任妻子。王安国多次劝告兄长王安石停止推行新法，劝其远离小人吕惠卿，后王安石被罢相时，他也因此被罢官，47岁因病去世。

●译文

雨后骑马经过小桥，见流水潺潺，花瓣被雨水打湿，满地缤纷。黄昏过去，月亮升起，骑在马上，还闻到帘幕后那人飘出的余香。

默默徘徊，不知今夜我的梦魂将去往何处？那个远去的人呵，还不如垂杨多情，垂杨尚且懂得让花絮飞入我的洞房。

●解读

这是一首写男女离愁的词作。全词情景交融，浑然天成。作者将小桥、流水、雨后、黄昏、落红、月亮、垂杨、飞絮等典型意象有机组合，在移步换景中，营造出清寂的氛围，以精练的笔墨，含蓄地表达了相思之情。

词的上阕集中描绘雨后的黄昏，落红片片的暮春之景。下阕则描述女子对恋人的思念之情。结句“不似垂杨，犹解飞花入洞房”，化用了张先的“不如桃杏，犹解嫁东风”之意，用拟人手法，写杨花还懂得飞入洞房，而人此时却为远离悲痛。这句既是写景，又是抒情，通过杨花飞舞的景象，委婉地传达了女子一往情深的相思，同时完成对思情难遣、梦魂不安的女子形象的刻画。

见你的时候，处处都是美景。雨后湿漉漉的地上，见满地残红，也觉馨香。坠在花瓣上晶莹的雨滴，如此清丽可爱，每一滴映照出的，都是你轻盈的笑颜。看那月亮透过黄昏的雾霭高高升起，我站在窗前，注视着你踩着皎洁的月光穿过小巷，心里满满都是你肌肤留下的温暖。可是当你完全离去，那些残红全变了颜色，黯淡无光，破败不堪。独剩我一个人徘徊院中，看月光下的影子觉得孤寂，看角落里的花草觉得哀愁，看树上的枯枝觉得凄清，整个世界都被你离去后的愁绪浸染。于是心生恨意，恨自己没有跟随你而去，恨你没有留在我的身边。看那月光如水，尚且流入我的房间。看那杨柳飞絮，还知我心哀怨，飞入帘后，伴我入眠。可是远去的人啊，怎么就不在我的身边？

清華別領一風

Thinking of the Far-off One

Yan Jidao

Red leaves and yellow blooms fall, late autumn is done,
I think of my far-roving one.
Gazing on clouds blown away by the breeze
And messageless wild geese,
Where can I send him word under the sun?
My endless tears drip down by window side
And blend with ink when they're undried.
I write down the farewell we bade;
My deep love impearled throws a shade
On rosy papers and they fade.

思远人·红叶黄花秋意晚

晏几道

红叶黄花秋意晚，千里念行客。飞云过尽，
归鸿无信，何处寄书得？

泪弹不尽临窗滴，就砚旋研墨。渐写到别来，
此情深处，红笺为无色。

晏几道（1038年—1110年）

北宋著名词人。字叔原，号小山，抚州临川（今江西抚州）人，北宋宰相晏殊的第七子。历任颍昌府许田镇监、乾宁军通判、开封府判官等，曾因反对王安石变法而入狱。性孤傲，中年家境中落。与其父合称“二晏”，词风似父而造诣过之。表达情感直率，多写爱情生活，是婉约派的重要作家。有《小山词》留世。

晏几道曾经爱上抚州知府女儿小萍，离去后为之病倒，父晏殊知他心事后，允许他回临川省亲。无奈物是人非，小萍父亲因支持范仲淹新政，被人诬陷，发配岭南充军。其父秉性刚直，在路上不堪虐待，绝食而死。传闻小萍卖身葬父后，沦落为妓，不知身在何处。晏几道还曾恋过多位歌女，后人将其与南唐后主李煜、清初纳兰容若评为“三大情痴”。

●译文

枫叶红遍枝头，黄菊遍地绽放，已是晚秋时节，忍不住思念千里之外的行客。看天边的云朵不断飞过，归来的大雁并没有捎来你的消息，不知你的去处，我又向何处寄信呢?

伤心得临窗落泪，泪流不止，滴进砚台，就用它研墨写信吧。点点滴滴，一直写到离别，情到深处，泪水滴到信笺上，将红笺的颜色都染褪了。

●解读

这是一首闺中念远之词。上阕写秋晚引起思念远方行客的离愁，下阕写愁极和泪研墨写信的情形。全词用笔甚曲，下字甚丽，宛转入微，味深意厚，堪称佳作。

“渐写到别来，此情深处，红笺为无色。”此句颇独特，词人写以泪研墨，泪滴红笺，情愈悲而泪愈多，竟至笺上的红字褪尽，通过夸张手法，写女子的伤心，不仅别出心裁，还有一种别样的韵味，将思念描写得更动人心弦。近代陈匪石在《宋词举》中，这样分析:

“‘渐’字极宛转，却激切。‘写到别来，此情深处’，墨中纸上，情与泪粘合为一，不辨何者为泪，何者为情。故不谓笺色之红因泪而淡，却谓红笺之色因情深而无。”

写信须慢，研墨写信，更像一种虔诚的仪式。给所爱之人研墨写信，更如相见一般，要郑重其事。提笔之前，甚至会特意洗净双手。仿佛一点尘埃，都会将信纸沾染，而落在纸上的每一个字，也会一起脏掉。在写信的人看来，那被弄脏的，不是一张纸，不是一个字，而是一份炽热的爱，是一颗热烈跳动的心。写信就像对爱人倾诉，仿佛他就坐在她的面前，她能触摸到他的肌肤，感受到他的呼吸。她哭他也跟着哭，她笑他也跟着笑。那薄薄的信纸，因为被她的视线一遍遍爱抚，也带了爱情的温度。甚至她温热的眼泪落在上面，洇湿了字迹，她会相信，那滴泪一定是落在了收信人的心里。

Silk-Washing Stream

Yan Jidao

From day to day we vie in painting eyebrows long,
As light-hearted as wafting clouds and willow-down.
My heart won't wed a gallant fond of wine and song.

The wine I spilt left stains on my fan of songstress;
The flowers I played with perfumed my dancing gown.
Shedding tears all the spring, I tell my loneliness.

浣溪沙·日日双眉斗画长

晏几道

日日双眉斗画长，行云飞絮共轻狂。不将心嫁冶游郎。

溅酒滴残歌扇字，弄花熏得舞衣香。一春弹泪说凄凉。

知识小贴士

此首词旨在写一青楼女子寂寞空虚的精神生活，以及无法寻到爱情寄托的内心痛苦。上、下两阕的前两句，写女子的日常轻狂生活，结句则写她心里的痛苦，以对比凸显女子孤傲的个性，和与命运抗争的精神；也折射出作者对这位女子不幸命运的同情和哀怜，激发读者对她的无限悲悯。

首句“日日双眉斗画长”，反用了秦韬玉《贫女》中的“不把双眉斗画长”，写女子每日认真地画眉打扮，只是为了与别的女子斗胜，以博取权贵们的宠爱。一个“斗”字，包含了她人生中全部的酸甜苦辣。“行云”暗用了宋玉《高唐赋》巫山神女“旦为朝云，暮为行雨”的典故；“飞絮”，则用了杜甫《绝句漫兴》中“颠狂柳絮随风舞，轻薄桃花逐水流”之意；这句旨在说明女子任人摆布、飘浮不定的命运，也暗示了她卑微低贱的身份，因为神女、云雨、柳絮、桃花，长期以来都被用作妓女生涯的代称。

贺裳在《皱水轩词筌》中点评：晏几道“溅酒滴残歌扇字，弄花熏得舞衣香”，真觉俨然如在目前，疑于化工之笔。

●译文

每日描眉画黛，照镜梳妆，将自己打扮得美艳漂亮，与别的女子争奇斗艳，每日像行云飞絮一样轻狂放浪。此生绝不嫁漂游浪荡、寻欢作乐的男子。

欢畅酣饮时，溅出的美酒滴落到轻罗小扇上，扇上的字迹因为浸润变得模糊；拈花起舞、轻歌曼唱时，袅袅花香熏得衣襟清香四溢。春光就这样随着欢笑和疯狂消磨殆尽，唯有流着泪面对这年华已逝的凄凉。

●解读

命运如此无奈，一朝风雨，一颗种子被吹落风尘，只能在贫瘠的土壤里生长，并努力开出明艳的花朵，与草木争夺阳光雨露，所有这些，不过是为了活着，让生命饱满，散发光芒。

即便如此被人轻视，一朵花儿依然有生命的尊严，绝不为了争抢阳光，攀附那些轻薄的树木。可是生命的春天啊，它如此短暂，岁月在莺歌燕舞、日日欢愉中蹉跎，还没等冲出重围，看一眼自由翻飞的云朵，呼吸一口甜美的空气，就与杂草灌木一起，将青春消耗殆尽，空流泪水，对着逝去的日月，诉说此刻的凄凉。

Partridge Sky

Yan Jidao

Time and again with rainbow sleeves you tried to fill
My cup with wine that, drunk,I kept on drinking still.
You danced and danced till the moon hung low over willow trees;
You sang and sang till amid peach blossoms blushed the breeze.

Then came the time to part,
But you're deep in my heart.
How many times have I met you in dreams at night!
Now left to gaze at you in silver candlelight, I fear it is not you
But a sweet dream untrue.

鹧鸪天·彩袖殷勤捧玉钟

晏几道

彩袖殷勤捧玉钟，当年拚却醉颜红。舞低杨柳楼心月，歌尽桃花扇底风。

从别后，忆相逢，几回魂梦与君同。今宵剩把银釭照，犹恐相逢是梦中。

知识小贴士

此词写词人与喜欢的女子久别重逢的情景，以相逢抒别恨。上阕回忆当年酒宴时的觥筹交错，两人初次相逢，一见钟情，尽欢尽兴，似实而虚。下阕抒写久别相思，不期而遇后的惊喜之情，似梦却真。细品全篇，词情婉丽，浓情厚韵，同时格调欢快，意境清新，语言活泼，是一首脍炙人口的名作。

“今宵剩把银釭照，犹恐相逢是梦中。”最末两句是词中点睛之笔，既让相逢后的惊喜之情溢于言表，也让亦真亦幻之感弥漫整首词中。当代唐圭璋在《唐宋词简释》中这样点评：“‘剩把’与‘犹恐’四字呼应，则惊喜俨然，变质直为婉转空灵矣。上言梦似真，今言真如梦，文心曲折微妙。”

●译文

当年初次相逢，你纤手捧杯，殷勤劝酒，频举玉盅，如此温柔美丽又多情，我开怀畅饮，直喝得酒醉脸通红。从月上柳梢的黄昏，到月坠楼外树梢的深夜，我们尽情地跳舞歌唱，筋疲力尽，累到无力再把桃花扇摇动。

自从那次离别，我总是怀念美好的相逢，多少回梦里与你相拥。今夜我举起银灯把你细看，还怕这次相逢又是梦中。

●解读

人生最喜，是与以为此生不能再相见之人，忽然间相逢。这相逢仿佛上天恩赐的甘露，让人心醉神迷，却又神思恍惚，以至于不相信这是真的。于是狂喜中掐一下自己手臂，感觉到丝丝分明的疼，这才信以为真。忆起当年初相逢，载歌载舞，把酒言欢，直到月上树梢，又东方发白，筋疲力尽，却为之沉醉。那场狂欢，像一场人间幻梦，此后一切沉寂，陷入漫长无边的相思，以为此生再不能相见，天涯海角，唯有祝福。却不想，上天如此眷顾，让有情人再次相逢。这重逢犹如一颗璀璨的珍珠，历经岁月漫长的煎熬和磨砺，以至于令人不敢相信命运竟如此垂青，要将她拉到灯下细细观看，怕这让人狂喜的一刻，是醒来就一切成空的梦中。

Telling of Innermost Feeling

Yan Jidao

I oft remember your robe when green grass is seen,
Perfumed by incense burnt your girdle green.
Au is quiet along the balustrade,
On which we leaned when daylight began to fade.

The breeze is full of grace,
The moon has left no trace,
My soul is steeped in hidden grief.
And I would try
To write it on a withered flower or leaf
And send it to the morning cloud on high.

诉衷情·长因蕙草记罗裙

晏几道

长因蕙草记罗裙，绿腰沈水熏。阑干曲处人静，曾共倚黄昏。

风有韵，月无痕。暗消魂。拟将幽恨，试写残花，寄与朝云。

知识小贴士

这是一首怀念恋人之作。上阕追忆了词人与恋人的一次幽会。虽已时过境迁，但恋人柔美的音容，却长留记忆中，并使得怀念愈加浓郁，不可止息。下阕写词人从对逝去的美好追忆中清醒，心中“曲恨”更加郁结难解，词人被追忆的幸福和痛苦现实交织而成的复杂情感深深缠绕，不得不寄托残花和朝云。

晏几道的词不是将胸中情感一泻而出，而是剥茧抽丝，一丝丝轻柔地抽出，使读者产生共鸣。词人对恋人的怀念，既深沉，又炽热，初读以为轻描淡写，细品却颇感深婉幽曲，风情摇曳，以连绵不断的情思，轻轻敲打着读者的心。

●译文

因为看到路边的芊芊蕙草，便将你想起，想起你婀娜多姿，身体弥漫着醉人的沉香。在那幽径曲廊，阑干尽头，我们曾依偎在一起，看夕阳西下。

而今孤独地在风中踯躅，月下徘徊，追寻着你的印记，却暗自神伤。只能将这一腔幽恨，寄托给残花和朝云。

●解读

人何时才能真正地参透生死和离别呢？怕是到我们离开这个世界的时候，也不能完全地明白。否则，千百年来，就不会有如此多的诗人，写下绵延不绝的关于离别的诗句。可是想想，人生就是不停地与人相逢又离别的过程。天下没有不散的筵席，欢聚时有多热烈，离去时就有多哀伤。仿佛生离死别，从来就没有让我们明白过；仿佛即便我们明白这是人生中的常态，依然不能够接受。如果这个世间，真的有忘情水，不知有没有人愿意一饮而下，忘记所有的爱恨情仇？

可是如果真的可以忘记，那么我们来世一遭，不经历那些相聚的甜蜜与离别的忧愁，又是为了什么？又有什么意义？

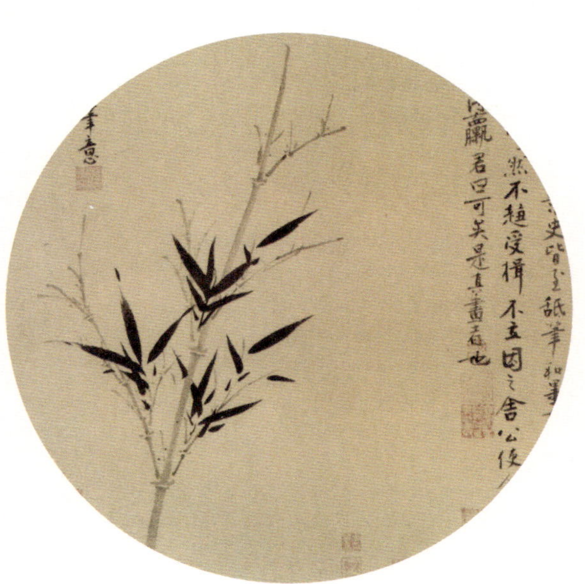

Old Friends Recalled

Wang Shen

The candle flickers red
At dead of night,
I wake from wine in bed,
My mind in idle plight.
Who sings before a cup of wine songs of goodbye?
My parting grief goes as far as the sky.

What can I do after you brought fresh shower
For my thirsting flower?
I lean on balustrade,
In eastern breeze my eyes shed tears.
When the crabapple flowers fade,
The swallow disappears,
The evening is hard in my courtyard.

忆故人·烛影摇红

王诜

烛影摇红，向夜阑，乍酒醒、心情懒。尊前谁为唱《阳关》，离恨天涯远。

无奈云沉雨散。凭阑干、东风泪眼。海棠开后，燕子来时，黄昏庭院。

王诜（约1048年—约1104年）

太原人，后徙开封。熙宁二年（1069年）娶宋英宗女儿宝安公主（宋神宗妹妹）为妻，拜驸马都尉。因与苏轼交好，被牵连贬官，落驸马都尉。元祐元年（1086年）复职。王诜一生放浪形骸，奇峰迭起。他善书画属文，工于棋。其词音调谐美，语言清丽，情致缠绵。存世作品有《渔村小雪图》《烟江叠嶂图》《溪山秋霁图》等。

宝安公主仰慕王诜才华，但两人婚姻并不幸福。婚后王诜又娶八妾，当公主面与妾亲昵，并任由妾欺负公主。但公主始终对王诜无怨无悔，她温柔贤惠，知书达礼，对王诜母亲卢氏非常孝顺，同时周济亲属；朝野内外，名声颇佳。宝安公主19岁下嫁王诜，30岁去世，死前依然恳请宋神宗为王诜官复原职。公主去世后，其乳母抱不平，在神宗面前长跪不起，言公主是被王诜气死，宋神宗大怒，贬王诜到均州，将侍妾全部婚配兵卒，两人所生儿子3岁时夭折。

●译文

夜深人静，酒醉醒来，看到烛光摇动，黯然神伤。忆起送别的酒席上，我曾为你唱起《阳关三叠》。而今，你已离我远去，心中只剩离愁别恨，追随你到天涯。

往日欢愉已烟消云散，徒剩心中无奈。晨起，凭栏远眺，不见你的踪迹。东风吹来，不由悲从中来，泪如泉涌。就这样痴痴凝望，见海棠已谢，燕子归巢，黄昏正抵达庭院。

●解读

人生总是无奈，今日还与你醉酒当歌，明日便天各一方，一生永不相见。你已远去，徒留我在原地伤怀，见一草一木皆是你，闻一声一息皆是你。欢愉无限，已成过往。回忆有多深沉，眼泪就有多丰盈。时光就这样在思念中逝去，花儿开了又谢，燕子去了又来，只有黄昏，从未失约，悄然抵达寂寞庭院。

宋词为应歌而作，歌者多为女性，为使演唱更具真情实感，词人往往以女子角度写景抒情。这首词便是词人从痴情女子角度，写宴别和别后相思。全词深情缱绻，感人至深，宛如出自失恋者之口。

首四句写女子深夜酒醒时的情景。随后几句时间跨度较大，即从夜阑酒醒，到倚阑远眺，再到黄昏时的庭院。这长长的过程中，女子无时无刻不在思念。词最后以景语作结。“海棠开后”，象征女子的芳华易逝，“燕子来时”，则以归燕反衬故人未归，增添女子离思，情更凄然。

吴曾在《能改斋漫录》曾曰：都尉忆故人作，徽宗喜其词意。犹以不丰容宛转为憾。遂令大晟府别撰腔。周美成增益其词。而以首句为名，谓之烛影摇红云。

Song of Gallantry

Zhou Bangyan

The little pond is newly greened;
The breeze ruffles the window screened.
The broken shadows dance with slanting sunny rays.
I envy swallows flying to and fro
Under the eaves of golden hall,
And rampant flowers creeping high and low
Upon the age-old earthen wall.
I hear in curtained tower deep she plays
And vibrates zither strings.
She stops before she says anything,
She'd not betray her spring.
She sobs before she sings,
So sad as to decline
A cup of sweetest wine.

I know that after making up her face
She'd open crimson doors and pace
To view the moon from western bower.
It grieves me most tonight
That I can't bring fresh shower for the thirsting flower.
When will she tell me with delight
The time for us to meet?
When may I send her mirror bright
And she in turn her incense sweet?
O Heaven! O what harms
If I stay a while in her arms!

风流子·新绿小池塘

周邦彦

新绿小池塘，风帘动、碎影舞斜阳。羡金屋去来，旧时巢燕；土花缭绕，前度莓墙。绣阁里、凤帏深几许？听得理丝簧。欲说又休，虑乖芳信；未歌先噎，愁近清觞。

遥知新妆了，开朱户，应自待月西厢。最苦梦魂，今宵不到伊行。问甚时说与，佳音密耗，寄将秦镜，偷换韩香？天便教人，霎时厮见何妨。

周邦彦（1056年—1121年）

北宋词人。字美成，号清真居士，钱塘（今浙江杭州）人。历官太学正、庐州教授、知溧水县等。少年时个性疏散，但喜读书。精通音律，曾创作不少新词调。作品多写闺情、羁旅，也有咏物之作。作品在婉约词人中长期被尊为“正宗”，旧时词论称他为“词家之冠”或“词中老杜”。今存《片玉集》。

因出身富贵，周邦彦纵情酒色，流连风月。其15岁结婚，几年后妻子去世，又先后恋上萧娘、楚云、秋娘以及第二任妻子王氏等多个女子。但他与宋代名妓李师师的恋情，广为人知。二人热恋之时，一说因周邦彦讨好的蔡京罢相，他被贬斥；一说皇帝宋徽宗也爱慕李师师，故将周邦彦贬离京城。周邦彦病逝后五年，李师师和宋徽宗被金人掳走。李师师不堪受辱，吞金钗而死；宋徽宗苟且偷生，被折磨九年后，也抑郁而亡。

●译文

碧绿的春水涨满小小的池塘，风吹帘动，斜照的阳光被帘子挡住，碎影舞动，满地金光。我真羡慕那只燕子，在旧年筑巢的梁上又筑新巢，能在金屋里来去飞翔。还有那苔藓，在前番生过的围墙上，又绕着院落再度生长。那锦绣的闺房和华丽的帷帐，究竟有多深？我只能听到从房中传出的丝竹悠扬声。那曲调像载着欲说还休的重重心事，大概是担心错过了佳期，还没有唱歌先已哽咽，连清酒也厌入愁肠。

此刻她一定梳理好了新妆，推开红窗，该是期待明月照西厢。最苦的是我咫尺天涯，梦中魂灵儿，今夜也不能到她身旁。问何时才能向她倾诉衷肠，互通情款，互订密约，寄她明镜，换她奇香？天公呵，让我们短暂相会又有何妨。

●解读

这首词的主旨是念远怀人，抒写了一位男子对所爱女子的思念之情。全词通篇都是主人公真实细腻的想象。上阕是想象春日黄昏，女子在绣阁理丝簧的情景，表达了对女子可望而不可即的忧伤。下阕继续想象伊人待月西厢的情景，抒写远隔天涯、相见无望的痛苦怨恨和强烈期盼相见的痴情。

整首词的相思深情层层深入，酣畅淋漓。由景而情，步步递进，直至达到无法控制的情感的高潮。清代沈谦在《填词杂说》中点评曰："天便教人，霎时厮见何妨……卞急迂妄，各极其妙，美成真深于情者。"

想念一个人时，真是恨不能变成她身边的每一个事物，管它有生命还是没有生命，只要能够伴她左右，听见她的呼吸，看见她的身影，都比做只能遥遥思念却无法相见的人更好。如果她躺着，就化作朦胧的帷幔，在风中飘来荡去；如果她坐着，就做那个与她的身体亲密私语的书桌就好；如果她站着，就做她脚下的湿润泥土，沾在她的鞋底，被她温柔地踩着；如果她走动，就做花园里温柔挂住她裙角的玫瑰枝蔓；如果她哭泣，就做为她拭去眼泪的柔软的手帕；如果她笑，就化作一抹夕阳，将她的笑容照得更明亮一些。唉，上天怎么就不知道他浓郁到化也化不开的相思呢？哪怕就让他与她有刹那的相聚，又有何妨？

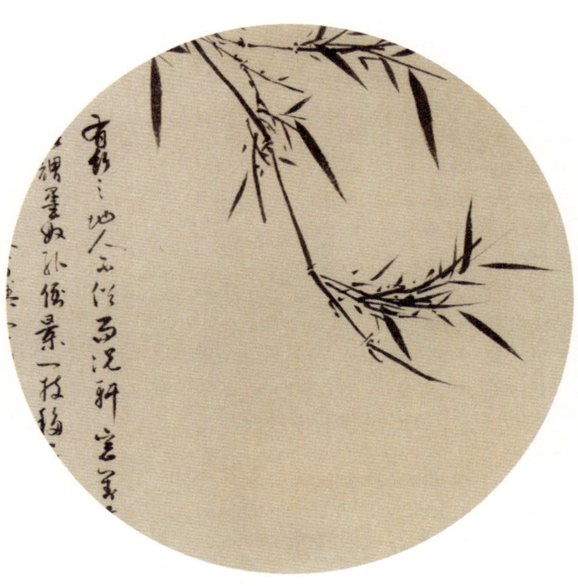

Bamboos in West Garden

Zhou Bangyan

Floating clouds protect the moon bright,
They will not let the red door be steeped in her light.
Rats under the dark wall are seen,
Through the torn window fireflies pass,
And flit in stealth by window screen.
Autumn is deep, alas!
I stand on the grass
In the shade of the evergreen trees,
My sleeves feel the soft breeze.

How old is night?
A long way winds across mountains to southern shore.
How could you keep the date of yore?
How can I not shed tears by candlelight
To think with broken heart of you
And read your oldened billet-doux?
No more wild geese will bring your letter to me.
Can dreams on lonely night be free?

四园竹·浮云护月

周邦彦

浮云护月，未放满朱扉。鼠摇暗壁，萤度破窗，偷入书帏。秋意浓，闲伫立，庭柯影里。好风襟袖先知。

夜何其。江南路绕重山，心知漫与前期。奈向灯前堕泪，肠断萧娘，旧日书辞犹在纸。雁信绝，清宵梦又稀。

知识小贴士

此词创作于元祐二年（1087 年）至绍圣四年（1097 年）之间，作者秋夜怀人，薄宦汴京，遂作此词，抒发内心所感，流露出浓郁的乡国之思和仕途失意的感伤。

该词上阕描写清秋夜色和书斋中的惨淡情景，下阕转写静夜中对恋人的思念。整首词抒情真挚，风格清丽典雅。

上阕“偷入书帏”，化用唐代诗僧齐己《萤》诗：“夜深飞过读书帏。”“好风襟袖先知”，套用杜牧《秋思》诗中“好风襟袖知”，另加一“先”字，就不只是写襟袖，还写人对风的敏锐感觉。下阕“夜何其”，借用《诗经·小雅·庭燎》“夜如何其”的诗句。

整首词中，作者对恋人的要求层层降低，由想见面降到只求通信，由求通信降到只求梦中相会，但这最渺小的希望，最终也破灭了，于是陷入刻骨思念和彻底绝望的境地，抒情至此达到高峰。

清代陈洵在《抄本海绡说词》中曰：“鼠摇”“萤度”，于静夜怀人中见，有《东山》诗人之意。“犹在纸”一语惊人，是明明有“前期”矣，读结语则仍是“漫兴”。此等处皆千回百折出之，尤佳在拙朴。

●译文

浮云怜惜地遮住月亮，不让月光洒满朱扉。老鼠在暗壁窸窸窣窣摇动，流萤悄无声息破窗飞入书房。秋意渐浓，走至庭院树荫下，闲立片刻，忽觉襟袖之间，一阵晚风吹过。

夜已到何时。想去山峦重叠的江南寻你，当初我们曾约好要重逢，无奈时光荏苒，人事变动，难以实现。只能在灯下暗自垂泪，看到你过去写给我的书信，更是肠断，如能和你再通书信，虽无法相见，也可互诉相思。而今却是音讯全无，就连做梦，也很少与你相逢。

●解读

当你离去，一切都变了模样。庭院里一片沉寂，偶有流萤飞来，照亮黑暗，也照亮我的孤独。就连月亮也被云朵遮住，仿佛莹白的月光，也不属于今夜的我。

夜已很深，想起当初我们的约定，多想飞去旧地寻你。但斗转星移，物是人非，一切都变了模样。我无法给你写信，倾诉内心思念。而你，也不再夜夜抵达我的梦中。命运就这样将你和我永远地分离，不复相见。

Slow Song of Stone State

Zhang Yuangan

Cold water flows along its trace;
Spring comes back to old place.
Among the sands mist spreads high.
The creekside mume exhales fragrance in sunlight;
Some cold sprigs of flowers in blooming vie.
The old regret extends to the end of the sky.
How much it has broken my heart
To be far, far apart!
I see but hill on hill in view
Beyond the Pavilion of Adieu.
The endless green spreads out of sight.
I am surprised
To see grief symbolized.
I'm grieved to see the deep-closed painted bower.
The eastern breeze, methinks,
May have paled your skin snow-white.
Your pillow has not witnessed the fresh shower
Nor your wine-cup the moonlight-brimming flower.
How I feel sad and drear anew
Where my hope sinks!
When I come home, I will tell you.
But when we meet again,
How many years have passed in vain!

石州慢·寒水依痕

张元干

寒水依痕，春意渐回，沙际烟阔。溪梅晴照生香，冷蕊数枝争发。天涯旧恨，试看几许消魂？长亭门外山重叠。不尽眼中青，是愁来时节。

情切，画楼深闭，想见东风，暗消肌雪。孤负枕前云雨，尊前花月。心期切处，更有多少凄凉，殷勤留与归时说。到得再相逢，恰经年离别。

张元干（1091年—约1161年）

宋代词人，芦川永福（今福建永泰）人。历任太学上舍生、陈留县丞。金兵围汴，秦桧当国时，入李纲麾下，坚决抗金，力谏死守。曾赋《贺新郎》词赠李纲，后秦桧闻此事，以他事追赴大理寺除名削籍。张元干后漫游江浙等地，客死他乡，归葬闽之螺山。张元干与张孝祥一起号称南宋初期“词坛双璧”。早年词风婉媚，南渡后多写时事，感怀国事。词风豪放，为辛派词人之先驱。有《芦川归来集》十卷，《芦川词》两卷。

张元干出身书香门第，早年丧母，其父张安道进士出身，官至龙图阁直学士，能诗，曾在郏县为官。张元干十四五岁随父在任，受家风影响，从小聪明好学。22岁时跟父亲到汴京入太学上舍生，学业和诗词创作均大有长进，有名声。其婚姻情感状况不祥，只知《石州慢·寒水依痕》一词，系其晚年写给妻子之作。

●译文

寒水缓缓消退，岸边留下一线沙痕。春意渐回大地，空阔的沙洲上烟霭苍茫。晴日朗照，溪边的新梅香气氤氲。数枝梅花争相吐蕊，装点新春。我独在天涯满腔怨恨，试想我现在何等的悲怆伤神？长亭门外，群山重叠。望不断的连绵青山，正是令人忧愁的时节。

遥想深闺中的你，一定也是思绪纷纭。画楼的重门紧闭，春风使你的容颜消瘦。让你独守空闺冷衾，辜负了多少尊前花月的美景。你可知道，我也归心似箭，恨不能一步跨进闺门。更有多少酸甜苦辣，留着回去向你诉说。可等我们再度相逢，怕是一年光阴又过。

●解读

此词是作者晚年离乡思归之作。在冬去春来、大地复苏的景象中，作者触景生情，表达自己内心对于妻子和故乡深沉的思乡之念。上阕写春回大地，心中升起“天涯旧恨”；下阕写对妻子的思念，抒发相思之苦。整首词构思精妙，超越一般的闺怨词作，有对人生的悲叹，内涵深广，含蓄蕴藉，耐人咀嚼。

孤独的旅者啊，一年年总是对月空叹，辜负了那原本可以与爱人共度的春光。这人生的无奈凄楚，甜蜜相守的人们啊，永远不能深切地懂得。若人生可以抛弃所有负累，轻松行走在天地之间，谁又愿意远离故土和妻儿？想那飞鸟如此自由，尚且一年年从南到北，又从北到南，只为追寻一抹温暖的阳光，将短暂的生命照亮。所有与爱人共度的时光，都是生命中奢侈的春天，但恰是这样的幽光，犹如海上的灯塔，指引着漫长孤寂的人生旅程，让远行的人千里迢迢，却依然犹如飞鸟，追寻着这春日明亮的光。

[illegible]忘乎俗累而发乎[illegible]
士俗不可医之句，先生乃掀髯大[illegible]
[illegible]
者渊明爱菊[illegible]在空庭[illegible]
[illegible]是乎，俗不可医邪？丈[illegible]我[illegible]
清风知情竹
孔子适卫[illegible]子在淇园，有风动
竹萧悬圃[illegible]然已味三月
不肉[illegible]曰：不肉则瘠，不竹则
俗[illegible]之人[illegible]竹
[illegible]俗云
甲[illegible]宗画[illegible]

Gathering Malberries

Lv Benzhong

I'm grieved to find you unlike the moon at its best,
North, south, east, west.
North, south, east, west,
It would accompany me without any rest.

I am grieved to find you like the moon which would fain
Now wax, now wane.
You wax and wane.
When will you come around like the full moon again?

采桑子·恨君不似江楼月

吕本中

恨君不似江楼月，南北东西，南北东西，只有相随无别离。

恨君却似江楼月，暂满还亏，暂满还亏，待得团圆是几时？

吕本中（1084年—1145年）

世称东莱先生，寿州（今安徽寿县）人。宋代诗人、词人、道学家。绍兴六年（1136年），赐进士出身。官中书舍人，兼权直学士院。诗属江西派。南渡后，亦有悲慨时事之作。有《东莱集》《紫微诗话》《江西诗社宗派图》《紫微词》等。

诗人早年过着诗酒风流的生活，颇为自在自得，效法陈师道、黄庭坚，诗风轻松流美。但做官之后，才知为官之路很是不易。他先以忤秦桧罢官，后又遭弃国离家之痛，加之羁旅行役，世态炎凉，内心非常痛苦。建炎年间，诗人为避兵祸，曾一度携家眷流亡于湖广一带。

●译文

恨你不像江边楼上高悬的明月，不管人们在东西南北何处漂泊，明月都与人相伴不分离。

恨你就像江边楼上高悬的明月，刚刚圆满又月缺，等到明月再圆，不知要到何时？

●解读

想你的时候，抬头看向夜空，真希望你化作一轮明月，不管我走到哪儿，你都与我相伴相随，永不分离。可细细思量，又觉得你太像那轮高悬的明月，刚刚团聚一场，又忽然离去，如此月圆月缺，反反复复，不知何时再与你团圆。

这是一首借明月倾诉对爱人思念的词。上阕写词人宦海浮沉，行踪不定，四处漂泊，思念爱人，却只有月亮陪伴。词中表面上说“恨君”，实际上是思君、念君。下阕借月的暂满还亏，比喻作者跟爱人的暂聚又别。

这首词颇有民歌风味。民歌中的情感往往自然流露，少用典故，多用白描，结构上采用重复歌唱的形式，一唱三叹，回环跌宕，这首词同样如此。

民歌也常用比喻，这首词的“江楼月”正是比喻。词中对“江楼月”一赞一恨，在一篇中用同一事物作比喻，却表达不同感情，这在修辞学上非常突出。而且比喻感情自然，非有意造作，这恰是此首词最难能可贵的地方。

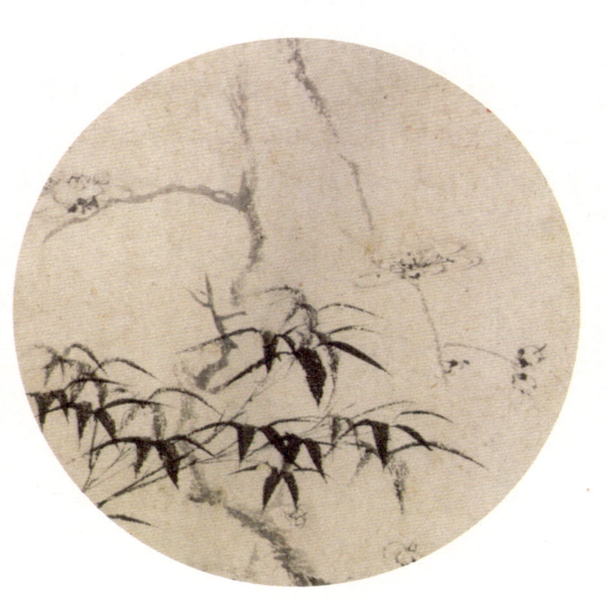

Song of Divination in Reply to Her Love

Le Wan

My love is deep as the sea high;
The past is far away as the sky.
The thousand streams of tears I shed
Make me heart-broken and half dead.
If I cannot see you again,
Why don't we cut to kill my pain?
If we are fated not to be man and wife,
Let us be married in another life!

卜算子·答施

乐婉

相思似海深，旧事如天远。泪滴千千万万行，更使人、愁肠断。

要见无因见，拚了终难拚。若是前生未有缘，待重结、来生愿。

乐婉（生卒年不详）

南宋杭州名妓，为施酒监所悦，《卜算子·答施》系其传世之词，收录于《花草粹编》卷二。

据记载，乐婉与词人施酒监情投意合。施酒监在京任职期满，即将调往他处，却无力给乐婉赎身，临行前便写了一首词《卜算子·赠乐婉杭妓》送给她："相逢情便深，恨不相逢早。识尽千千万万人，终不似、伊家好。别你登长道，转更添烦恼。楼外朱楼独倚阑，满目围芳草。"乐婉读了这首词，心如刀绞，强忍悲痛，写下这首《卜算子·答施》，与情人诀别。

●译文

痛苦的思念犹如深海，让人备受煎熬，往事如云，遥不可及。千万行的眼泪，也留不住远行的你，真让人愁肠寸断。

想与你再次相见，却又无法相见，想要结束与你的情缘，却又无法舍弃。如果前世没有缘分，就等待来生，到那时我们再结为夫妇。

●解读

这是一首离别赠词。该词既表达了女子与恋人分别时的痛苦，也折射出她对爱情的忠贞不渝。

“若是前生未有缘，待重结、来生愿。”此句是整首词的情感核心，女子在离别的绝望之中，许了一个心愿，这心愿让这份爱情转而生出一线希望，而这到底是明亮的希望，还是人生更深的绝望，一时令人难以分辨。但唯此一愿，让人深感女子的情深意长，坚贞不渝，而一位情意绵绵、性格果敢的女子形象，也因此跃然纸上。

一段爱情的长短，大约在初次相遇的时候，上天就已定好。正如在人生漫漫的长途中，有人与你擦肩而过，你只能匆匆听到他的喘息；有人远远与你对视一眼，你只能看到他衣服的色泽；有人停下，与你共赏了一朵美丽的雏菊；有人与你同行一段山路，说说笑笑，也偶尔争吵，不久之后，便分道扬镳；有人与你走了很久，但终于还是先你一步，离开人间。这长长短短的情缘，都是人生注定，仿佛橱窗中标好价格的昂贵礼物。只是，礼物可以任你挑选，这份情缘却只能接受，别无选择。假若此生深爱，却不得不分离，便只能寄托来世，唯愿那时，命运可以听到这炽热爱情的呼唤，让你与深爱的人，可以一路同行，天长地久。

Phoenix Hairpin

Lu You

Pink hands so fine,
Gold-branded wine,
Spring paints the willows green palace walls can't confine.
East wind unfair,
Happy times rare.
In my heart sad thoughts throng;
We've been separated for years long.
Wrong, wrong, wrong!

Spring is as green,
In vain she's lean.
Her kerchief soaked with tears and red with stains unclean.
Peach blossoms fall
Near deserted hall.
Our oath is still there. Lo!
No words to her can go.
No, no, no!

钗头凤·红酥手

陆游

红酥手，黄縢酒，满城春色宫墙柳。东风恶，欢情薄，一怀愁绪，几年离索。错，错，错！

春如旧，人空瘦，泪痕红浥鲛绡透。桃花落，闲池阁，山盟虽在，锦书难托。莫，莫，莫！

陆游（1125年－1210年）

越州山阴（今浙江绍兴）人，尚书右丞陆佃之孙，南宋文学家、史学家、爱国诗人。陆游一生笔耕不辍，其诗兼具李白的雄奇奔放与杜甫的沉郁悲凉，尤以饱含爱国热情对后世影响深远。词与散文成就亦高。有手定《剑南诗稿》85卷，收诗9000余首。

据传，陆游初娶表妹唐琬，夫妻恩爱。因唐琬不孕，陆母又不喜陆游沉溺情爱，恐其耽误前程，强迫其与唐琬离婚。陆游曾另筑别院安置唐琬，其母察觉后，命陆游另娶王氏为妻，另有一妾。王氏婚后一年就生下一子，四年里共生三子。唐琬则迫于父命，改嫁同郡赵士程，后者亦深爱唐琬。十余年后，陆游春游，于沈园偶遇唐琬夫妇，伤感之余，在园壁题了著名的《钗头凤》。唐琬看到后悲伤不已，也依律赋了一首《钗头凤》。此次邂逅不久的秋天，唐琬便抑郁而死。陆游哀痛至甚，后曾多次赋诗，忆咏沈园。位于绍兴的沈园，因此久负盛名。

●译文

温润的手里捧着黄縢美酒，宫墙内绿柳拂动，满城春色荡漾。东风可恨，将我们昔日的欢情吹散，满怀愁绪，一别几年，人生萧索。错，错，错！

春光如旧，人却因相思消瘦，泪水洗尽脸上的胭脂，又将薄绸的手帕湿透。桃花飘落在空旷的池塘楼阁上，旧日海誓山盟虽在，锦上书信却再也难以交付。罢，罢，罢！

●解读

犹记那时你正青春，我也年少，春光里我们赏花品酒，看日出日落。春天犹如一场盛大的舞会，蜂飞蝶舞。阳光照在你娇嫩的肌肤上，照亮每一根细小的毛发。我喜欢听你清脆的笑声，你喜欢听我读诗诵词。你看着我笑，那笑声像微波荡漾的春水，将我的心旌摇晃。

深爱一场，却被生生拆散。一别经年，以为此生再不能相见，却不想在同样明亮的春光里，与你偶然相逢。只是人生啊它多么残酷，让你消瘦憔悴还嫌不够，还让你红颜老去。那些曾经的海誓山盟，也全部化为泡影，就连一封书信，也无法再寄送给你！

这首词写的是陆游个人的婚姻悲剧。词的上阕通过追忆往昔美好的爱情生活，感叹被迫离异后的痛苦。词的下阕，由感慨往事回到沈园重逢的现实，进一步抒写与妻子唐琬被迫离异后的巨大苦痛。两个人的人生轨迹，早已互不相干，明明在爱，却又不能去爱；不能去爱，却又割不断这万般情丝，写尽了人生的无奈。

这首词始终围绕着沈园这一特定的空间书写，通过鲜明的对比，充分表现出夫妻被迫离异，给唐氏带来的巨大精神折磨。全词节奏急促，“错，错，错”和“莫，莫，莫”的两次感叹，读来荡气回肠，有恸不能言的哀伤情致。

Phoenix Hairpin

Tang Wan

The world unfair,
True manhood rare.
Dusk melts away in rain and blooming trees turn bare.
Morning wind high,
Tear traces dry.
I'd write to him what's in my heart;
Leaning on rails, I speak apart.
Hard, hard, hard!

Go each our ways!
Gone are our days.
My sick soul groans like ropes of swing which sways.
The horn blows cold;
Night has grown old.
Afraid my grief may be descried,
I try to hide my tears undried.
Hide, hide, hide!

钗头凤·世情薄

唐琬

世情薄，人情恶，雨送黄昏花易落。晓风干，
泪痕残，欲笺心事，独语斜阑。难，难，难！

人成各，今非昨，病魂尝似秋千索。角声寒，
夜阑珊，怕人寻问，咽泪装欢。瞒，瞒，瞒！

唐琬（1128 年 -1156 年）

越州山阴（今浙江绍兴）人。郑州通判唐闳的独生女儿，母亲李氏媛，祖父为北宋末年鸿儒少卿唐翊。陆游约在 20 岁与唐琬结婚，因唐琬一年内未孕，陆游又沉溺爱情，忽略功名，陆母遂强迫他们离婚。随后唐家将唐琬嫁给嗣濮王第七子赵士程，据推断，赵士程比唐琬大 10 多岁。另据同时文人在《三山志》记载，赵士程一生无妾，有一儿一女，推测应为唐琬所出。赵士程因爱慕唐琬的才华，同时怜惜她的不幸遭遇，婚后对她百般呵护，无奈唐琬心有所属，始终未能排解内心哀愁，因此抑郁而终。

据传，陆家曾以一支精美无比的家传凤钗作为信物，与唐家定亲，此为“钗头凤”的来历。唐琬的一滴清泪，缠绵了整个南宋文学史，一首让人动容的《钗头凤》，饱含了无尽的深爱。

●译文

世情凉薄，人心太恶，好似雨落黄昏，花儿凋零。晨风吹干了雨水，脸上还残留着泪痕，想对你倾诉满腔的心事，却只能斜靠着栏杆自言自语。难啊、难啊、难啊！

你我各奔东西，现在已不是从前。我愁苦的心境，常似动荡不宁的秋千。号角凄冷，漫漫长夜就要过去。怕人询问，只有忍住泪水，强颜欢笑。瞒啊、瞒啊、瞒啊！

●解读

世间最难揣测的就是人心，看到恋人甜蜜，便生了拆散之心，让你我犹如浮萍，匆匆一聚，深爱一场，便各奔东西。如果命运的河流只让我们随波向前，而不是被一阵大风，吹落到园中偶遇，或许，这千般哀愁万般苦痛，不会齐发力，将我的精神摧毁！

看那漫漫长夜啊，就要过去，清冷的黎明即将抵达。睡在枕边的人啊，若醒来时问我为何哭泣，我该如何回答他？我又能如何回答他？只有将对你的深爱藏匿，郁郁了却这无奈的残生！

《钗头凤·世情薄》是南宋唐琬在沈园与前夫陆游重逢后，看到陆游于园壁上所写《钗头凤·世情薄》后的和词。上阕写了唐琬被迫与陆游离婚后，内心无限的痛苦。下阕写了和陆游分别以后的个人境遇。全词哀婉动人，蕴含了词人无限的深情和苦痛。

此词虽只是作者自怨自泣的倾诉，却因缠绵悱恻的深爱和词人悲惨的人生遭遇，打动着古今每一位读者。陆游与唐琬的两首词，因切合了各自的性格、遭遇和身份，合而读之，颇觉珠联璧合，相映生辉。

但因旧时婚姻变故，给女性带来的伤痛更深，唐琬甚至因此 28 岁就香消玉殒，故而读唐琬的这首词，其中所蕴含的无处可以倾诉的痛苦，所生出的无限的悲痛和悲愤，比陆游的词更甚。

春蘭夏蕙
石前莫把
至今傳
香寫

Song of Divination

You Cigong

Spring wind and rain see you come nigh;
Spring wind and rain ask you to stay.
In haste over cups we say goodbye;
Spring wind and rain send you away.

Your tearful eyes are not yet dry;
Your green eyebrows frown in sorrow.
If you feel lovesick, do not go up high!
For wind and rain will rage tomorrow.

卜算子·风雨送人来

游次公

风雨送人来，风雨留人住。草草杯盘话别离，
风雨催人去。

泪眼不曾晴，眉黛愁还聚。明日相思莫上楼，
楼上多风雨。

游次公

建安（今福建建瓯）人，著名理学家游酢侄孙，礼部侍郎游操之子。乾道末，为范成大幕僚，多有唱和。又曾为安仁令。淳熙十四年（1187年），以奉议郎通判汀州。著有《倡酬诗卷》，存词5首。

刘克庄《后村诗话》前集谓其“诗词皆工”，并载其宫词《虞美人》云：“范石湖（成大）座上客有谈刘婕妤者，公与客约赋词，游次公先成，公不复作，众亦敛手。”

其生卒年月及婚恋状况不详。

●译文

送人来的是风雨，留人住的也是风雨。匆匆宴席后彼此道别，又是风雨催人离去。

泪眼还不曾干，眉头又聚新的哀愁。明日相思时，莫上高楼望远，楼上有几多凄风苦雨。

●解读

这是一首写男女相聚又相别的词。上阕写一对有情人刚刚重逢却又要分离的情景，下阕写离别时女子的愁苦和恋人间的深情叮咛。整首词浅白直接，跌宕多姿，韵味无穷。

这首词有四处写到风雨，并以风雨起，风雨结，首尾呼应。女子的深情与窗外的风雨融溶谐和，意境浑然，让人不知何者为景，何者为情。明代诗人俞弁在《逸老堂诗话》中点评曰：“叠用四‘风雨’，读者不厌其繁，句意清快可喜。”

与你相聚的时候，看窗外风雨，一丝一缕，一点一滴，全是雀跃欣喜。最爱与你凭栏，看远山朦胧，天地苍茫，宛如人间仙境。你说等我们老去，依然如此相依，在雨天看风吹叶落，大雁南归，踏着湿滑的小径，去赏一株花瓣凋零的秋菊。这清冷的雨天，因为有你，我并未生出哀愁，爱情让这秋天，斑斓多姿，韵味悠长。更何况，我们还有举杯共饮的欢畅，枕边深情的良宵。可是当你离去，一切风雨便都化为离愁别恨。你看那风吹大地，让我内心生寒；你看那雨打芭蕉，催我眼泪不休。还有残红遍地，让人间瞬间晦暗。这秋风冷雨，绵延不绝，心中离恨，何时休止？

Song of Riverside Mume
A Dream

Jiang Kui

Long, long ago we bade adieu.
Seeing mume trees,
How can I not miss you?
How many times in our native land
I've dreamed of strolling with you hand in hand!
I can't find you in my dreams tonight;
Alone I toss in bed, left and right.
Without knowing my coverlet chilled through,

The tears I shed on my letter mingle with ink.
None play the lute or drink.
I'll send my letter but find no wild geese.
Last time we visited the lane;
The old trees are now steeped in setting sun in vain,
You can't but break
The promise of boating with me on the lake.
Singing the song of spring grass growing lush again,
The roamer grieves
And sheds tears to wet his sleeves.

江梅引·人间离别易多时

姜夔

人间离别易多时。见梅枝，忽相思。几度小窗，幽梦手同携。今夜梦中无觅处，漫徘徊，寒侵被，尚未知。

湿红恨墨浅封题。宝筝空，无雁飞。俊游巷陌，算空有、古木斜晖。旧约扁舟，心事已成非。歌罢淮南春草赋，又萋萋。漂零客，泪满衣。

姜夔（约 1155 年—1209 年）

饶州鄱阳（今江西鄱阳）人，后寓居武康（今浙江德清）。南宋词人、音乐家。少年孤贫，屡试不第，终生未仕，一生靠卖字和朋友接济为生。他多才多艺，诗词、散文、书法、音乐，无不精善，又精通音律，是继苏轼后又一难得的艺术全才。姜夔晚居杭州西湖，卒葬西马塍。有《白石道人诗集》《白石道人歌曲》等书传世。

约 1185 年，姜夔与诗人萧德藻结为忘年之交，萧德藻将自己的侄女许配给姜夔。姜夔客游合肥期间，结识两位歌妓姐妹，彼此情深意厚，他写了近二十首词来纪念这段美好时光，这是他一生中极为重要的感情经历。从 20 多岁认识这对姐妹后，姜夔有过多次合肥寓居之举，直到 1191 年秋，这对姐妹离开合肥才止。同年冬天，姜夔在范成大家踏雪赏梅，范成大向他征求歌咏梅花的诗句，姜夔填《暗香》《疏影》二词，范成大大为喜悦，特意把家妓小红赠送给姜夔。

●译文

人世间的离别容易看重时节，见到梅枝，相思忽地涌上心头。几回小窗内幽深的梦里，与你花间漫步手牵手。今夜梦中寻不到你，我独自徘徊，寒气将衾被浸透，都不知晓。

眼泪沾湿了红笺，怨恨饱和着墨迹，淡淡地封了信函，题了信头。宝筝空放久不弹，没有飞雁把书传。曾经携手同游的大街小巷，想来只有斜阳枯树空自留。旧日泛舟同游的约定，早已付之东流。唱罢淮南小山“王孙不归”的诗句，恰好又是春草萋萋的时候。漂泊的人啊，想起往事，忍不住泪湿衣襟。

●解读

宋宁宗庆元二年（1196年）丙辰之冬，姜夔住在无锡梁溪张鉴的庄园里，正值园中蜡梅竞放，于是见梅而怀念远在安徽合肥的恋人，因作此词。小序指出：“予留梁溪，将诣淮南不得，因梦思以述志。”说明这是借记梦而抒怀之作。

上阕写因睹梅花而生发的相思之情，结想成梦；

下阕写梦醒后相思，和泪修书，欲寄却无从寄的苦痛情怀。全词凄婉动人，一往情深，既抒发了词人梦而不得的相思之恨，也寄托了词人天涯羁旅的漂泊之苦。

人生犹如秋天大风中的沙蓬草，在荒凉的戈壁滩上，随风漂泊。种子落在哪里，就在哪里生根。这偶然的命运，这无边的漂泊，让我们的爱情啊，总是被大风裹挟的沙粒砸得生疼。过往的一切美好，都化作云烟，不能重返。可我依然时时将你想起，想起人生中的一小段奢侈的光阴，我们坐在一起，喝茶聊天，谈情说爱，仿佛一切世俗的羁绊都暂时消失，人间只剩甜蜜悠长的岁月。我们在一小杯茶里，看过天上的月亮；我们在一条深巷中，见过一只寒鸦；我们在郊外的密林中，与一朵倾听天地声响的木耳相遇；我们在青山脚下，曾经细数夕阳。这所有的一切啊，而今都已成空，漫长的人生路上，只有我泪湿衣衫，将你追忆。

Gloomy Fragrance

Jiang Kui

How often has the moonlight of yore shone on me
Playing a flute by a mume tree?
I'd awaken the fair
To pluck a sprig in spite of chilly air.
But now I've gradually grown old
And forgotten how to sing
Of the sweet breeze of spring.
I wonder why the fragrance cold
From sparse blossoms beyond the bamboo should invade
My cup of jade.

This land of streams
Still as in dreams.
How could I send a sprig to her who's far away
When snow at night begins to weigh
The branches down? Even my green goblet would weep
And wordless petals pink be lost in longing deep.
I always remember the place
Where we stood hand in hand and face to face.
A thousand trees in bloom reflected
On the cool green West Lake. And then
Petal on petal could not be collected
Once blown away. O when
Can we see them again?

暗香·旧时月色

姜夔

旧时月色，算几番照我，梅边吹笛。唤起玉人，不管清寒与攀摘。何逊而今渐老，都忘却、春风词笔。但怪得、竹外疏花，香冷入瑶席。

江国，正寂寂。叹寄与路遥，夜雪初积。翠尊易泣，红萼无言耿相忆。长记曾携手处，千树压、西湖寒碧。又片片、吹尽也，几时见得？

知识小贴士

这首词创作于绍熙二年（1191 年），是年冬，姜夔雪访石湖居士范成大于石湖，并在石湖住一月余，创作出《暗香》《疏影》两首让人耳目一新的词曲咏梅。石湖居士非常欣赏，教乐工歌伎练习演唱，音调节律悦耳婉转。词中同时深蕴着词人的忧国之思，也寄托了他个人生活的不幸。

整首词不断在过去和现在之间往返摇曳，结构空灵，意境清虚。词中流露出姜夔在音乐中的陶醉与忧郁，使人不禁想去赏析这首“读之使人神观飞跃”的《暗香》，走进姜夔的幽冷之境。

现代文史学家唐圭璋在《宋词三百首笺注》中点评：刘体仁（清代诗人）云，落笔得“旧时月色”四字，便欲使千古作者，皆出其下。又云：咏梅嫌纯是素色，故用“红萼”字，此谓之破色笔。又恐突然，故先出“翠尊”字配之；说来甚浅，然大家亦不为，此用意之妙，总使人不觉，则烹锻之功也。

译文

昔日皎洁的月色，曾经多少次映照着我，梅花下吹起玉笛，唤来美丽佳人，冒着清寒与我同折梅花。而今我像南朝梁诗人何逊那样渐渐老去，游赏的兴趣减退，对于向来喜爱的梅花，都忘记为它歌咏。竹外梅花稀疏萧瑟，冷香吹入瑶席，引人幽思。

江南水乡，一片静寂。想折枝梅花寄给佳人，又叹路途遥遥，夜晚渐深，积雪覆盖了大地。手捧翠玉酒杯，禁不住眼泪长流，对着梅花静默无声，忆起昔日佳人。记得那时与她携手同游，见梅花绽放，压弯了千株梅林，西湖上泛着寒波，一片澄碧。此刻梅花被风吹落，满地凋零，何时才能重见幽丽的梅花？

解读

旧时月色昏黄，空气中飘荡着甜蜜的香气。雪后清寒，梅花绽放，我在树下吹笛，佳人一旁陪伴，见梅花朵朵，忍不住折下一枝送她。那时我还年轻，每逢路过梅林，都要停下脚步，为之歌咏。梅林萧瑟，却总有冷香浮动。

而今我人已老，想再折梅花赠予佳人，无奈佳人已远在天涯，唯有手捧酒杯，对空长叹，那过往的相爱记忆，又重现心头。低头见风吹落梅花，不知何时再与佳人相见。

Complaint of the Pavilion of Adieu

Jiang Kui

Gradually the western breeze has blown
All fragrant willow catkins down.
The leaves so green
Hide houses like a screen.
The winding streams stretch high and low;
Where will the lonely sail in twilight go?
Who's seen more people part
Than trees of the Pavilion of Adieu?
If they had a heart,
Would they grow green and lush anew?

At sunset I can't see the city wall
But rugged hills which rise and fall.
Though I've left you, can I forget what you said
While putting on my finger your ring of jade:
"O first of all,
Come back as early as you can, for I'm afraid
None will take care
Of the peony red."
In vain of scissors sharp have I pair;
Of parting grief how can I cut off thread on thread?

长亭怨慢·渐吹尽

姜夔

渐吹尽，枝头香絮，是处人家，绿深门户。远浦萦回，暮帆零乱向何许？阅人多矣，谁得似长亭树？树若有情时，不会得青青如此！

日暮，望高城不见，只见乱山无数。韦郎去也，怎忘得、玉环分付：第一是早早归来，怕红萼无人为主。算空有并刀，难剪离愁千缕。

知识小贴士

姜夔二十三岁时游安徽合肥，与当地歌伎姐妹两人相识，情好甚笃，其后屡次来往合肥，数见于词作。这首词即是他于绍熙二年（1191年）离开合肥后，忆别两姐妹之作。

上阕咏柳，暗用李长吉诗“天若有情天亦老”句意，以柳之无情，反衬自己惜别的深情。下阕写惜别之难舍难分，彼此互相叮咛，情深切切，读来凄怆缠绵。

清代陈廷焯在《词则·大雅集》卷三中点评：哀怨无端，无中生有，海枯石烂之情。清代孙麟趾在《词径》中点评：路已尽而复开出之，谓之转。如“谁得似长亭树，树若有情时，不会得青青如此”。

●译文

春风渐渐吹尽枝头的柳絮，一处处人家，掩映在绿荫深处。远处的水岸迂回曲折，黄昏时分，船帆零落，不知去向何处。有谁能像长亭边的柳树，见过如此多的生离死别？柳树若懂人间情意，定不会年年如此青青。

天色渐晚，高高的城楼已模糊不清，只见乱山绵延纵横。我像唐朝的韦皋一样离你而去，你要记得我留给你的玉环信物，我也记得分别时你的声声叮咛，让我早早归来，免得花儿没人怜惜。如今纵有锋利的并州剪刀，也无法剪断我心头丝丝缕缕的愁绪。

●解读

唐朝诗人韦皋游江夏时，曾爱上一个叫玉箫的女子，离别时他留给她一个玉指环作为信物，约定少则五载，多则七载，定来娶她。玉箫苦等八载，韦皋未至，便含恨绝食而死。

想起这无情的命运，便对而今你我的离别心痛。不知此去一别，是否还有相见之期。河边的杨柳，也看多了人间生离死别，变得冷漠麻木，照例在春风里绿意葱茏，不哀怜人间的苦痛。

你让我早日归来，切莫留恋人间繁华，忘了春天怒放的花儿，需要温柔的注视。我也让你珍藏好手上的玉环信物，那是我对你所有的深情。这离别的愁绪啊，丝丝缕缕，缠绕了我的心。

Partridge Sky
A Dream on the Night of Lantern Festival

Jiang Kui

The endless River Fei to the east keeps on flowing;
The love seed we once sowed forever keeps on growing.
Your face I saw in dream was not clear to my eyes
As in your portrait, soon I am wakened by birds' cries.
Spring not yet green,
My grey hair seen,
Our separation's been too long to grieve the heart.
Why make the past reappear
Before us from year to year
On Lantern Festival when we are far apart!

鹧鸪天·元夕有所梦

姜夔

肥水东流无尽期，当初不合种相思。梦中未比丹青见，暗里忽惊山鸟啼。

春未绿，鬓先丝，人间别久不成悲。谁教岁岁红莲夜，两处沉吟各自知。

知识小贴士

这首词是姜夔为怀念身在合肥的恋人而作，作于宋宁宗庆元三年（1197 年）元宵节之时。作此词时，姜夔已 42 岁，与旧日恋人初遇已相隔近二十年，但漫长的岁月和人事沧桑变幻，并未改变他对恋人的深深眷恋，可见姜夔是一个至情至性之人。

如果说柳永写爱情词是逢场作戏，姜夔则是灌注了一生的深情。爱情也成就了姜夔，没有他对合肥姐妹花的痴情绝恋，就没有他笔下那些缠绵悱恻的爱情的歌咏。

这首词的上阕，写词人对不该种下如此深爱而后离别的悔恨，再写梦中无法看清恋人的怨恨，足见此情之炽热。下阕说久别伤悲，以至愁白了鬓发，而后想象元宵放灯之夜，恋人也正与他一样悲苦相思。

情词的传统风格偏于柔婉软媚，这首词却以清健之笔来写刻骨铭心的深情，别具峭拔隽永的情韵。全词意境空灵，语言清劲，可谓洗尽铅华。

●译文

肥水汪洋向东流淌，浩荡没有尽期。早知今日独自凄凉，当初就不该对你动情。梦里与你相见，总不如画像清晰，即便这种朦胧的梦中相逢，也常常被山鸟的叫声惊醒。

春草还未变绿，我的两鬓却已斑白。离别太久，一切伤痛似乎都会慢慢变淡。可是谁让我如此朝思暮想，年年岁岁团圆夜，也只有你我知晓。

●解读

一段爱情，假若不能相伴终老，那相思会有多长？如果一生再不能相见，却要被痛苦的相思折磨，一直到离开人世的那一刻，你会不会忽生悔意？当初不该将深情种下，如此便不会相思成疾，徒增痛苦。上天啊，为何让人热烈相恋，却不让人生死相伴？那思念的无边苦痛，它在我们漫长的一生中，到底有怎样的意义？青草枯萎，还能返青，可是两鬓斑白的人啊，却再也回不到那段爱情燃烧的青葱岁月。总以为漂泊无依、疲惫不堪的人生会将所有的思念消磨，可是为何我心中的深情，却像那窗外的夜色，愈发地深沉？

即便知晓此生不能与你再相遇，让我重新选择，我依然会义无反顾地与你相爱。因为，你是我生命中的光，将从生到死之间所有漆黑的长夜照亮。

我迷恋这穿破黑暗的光，犹如我迷恋你。

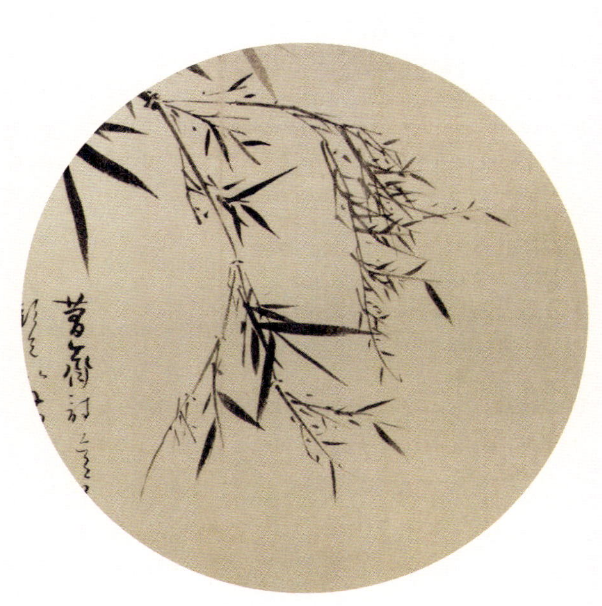

Treading on Grass

Jiang Kui

Light as a swallow's flight,
Sweet as an oriole's song,
Clearly I saw you again in dream.
How could you know my endless longing night?
Early spring dyed in grief strong.

Your letter broken-hearted,
Your needlework done when we parted,
And you soul secretly follows me.
Over the southern stream,
The bright moon chills
A thousand hills,
How can you lonely soul go back without company?

踏莎行·燕燕轻盈

姜夔

燕燕轻盈，莺莺娇软，分明又向华胥见。夜长争得薄情知？春初早被相思染。

别后书辞，别时针线，离魂暗逐郎行远。淮南皓月冷千山，冥冥归去无人管。

知识小贴士

此词作于淳熙十四年（1187年），姜夔从沔州（今湖北汉阳）东去湖州，江上行舟，途经金陵，梦见思念的合肥姐妹花，遂写下这首词。

词一开始写“燕燕”“莺莺”的亲昵欢洽之情，然后一转，原来只是一场梦中相见。之后再一转，不说自己思念对方，却说是对方思念自己，只为让“薄情”人了解相思之苦，遂灵魂出窍，不远千里追随，以托梦的方式显现在词人梦中。说恋人前来托梦，这是词人认为恋人也一定和他一样在刻骨地相思，异地同心。接着词人又怜惜地感叹，离魂托完梦回去时，千山清冷，月光稀薄，离魂孤独地独自赶路，无人陪伴。词人痛惜恋人的深情，溢于言表。

王国维在《人间词话》中点评曰：白石之词，余所最爱者，亦仅二语，曰：“淮南皓月冷千山，冥冥归去无人管。”

●译文

燕子轻盈，黄莺娇软，却原来是一场梦中相见，你声容依旧，风姿依然，姗姗向我走来。梦里你怨我这薄情郎，怎不知你不眠时长夜漫漫？还是初春，相思却将一颗心层层浸染。

你说记得离别时一针一线，为我缝制冬衣春衫。离别后一字一行，挑灯夜读深情的信笺。忍不住一缕相思离魂，暗自追逐情郎，天涯芳草行遍，才与君梦中相见。看那淮南归路，一轮皓月渐冷，洒照着千万重山，你即将从我的梦中返回，夜色沉寂，你的孤魂无人陪伴。

●解读

如果人有灵魂，能够代替我们的肉身在一夕间去千里迢迢之外与想念的人相聚，那这个世界，是不是更为美好？如果真的有一个灵魂飘荡的世界，人类一定愿意出让漫漫长夜，让被世俗枷锁捆缚的无法相见相守相爱的恋人们，踩着冰凉的月光和露水，穿越千山万水，在人的梦中相见缠绵。梦是一个神秘的居所，这里有无数痴情的人们在热烈相聚，起舞欢歌。而梦只负责伸开轻柔的翼翅，护佑着他们，让黎明的薄光，晚一些，再晚一些，穿透这奢侈的梦中相聚。也让晨起的鸟虫，迟一些，再迟一些醒来，切莫用嘹亮的鸣叫和觅食的声响，惊吓那些历经千难万险才梦中相聚的魂灵。

Silk-Washing Stream

Wu Wenying

I dreamed of the door parting me from my dear flower,
The setting sun was mute and homing swallows drear.
Her fair hands hooked up fragrant curtains of her bower.

The willowdown falls silently and spring sheds tear;
The floating clouds cast shadows when the moon feels shy;
The spring wind blows at night colder than autumn high.

浣溪沙·门隔花深梦旧游

吴文英

门隔花深梦旧游，夕阳无语燕归愁。玉纤香动小帘钩。

落絮无声春堕泪，行云有影月含羞。东风临夜冷于秋。

吴文英（约1212年—约1272年）

四明（今浙江宁波）人。南宋词人。一生未第，游幕终身，于苏、杭、越三地居留最久。一度客居越州，曾任浙东安抚使吴潜幕僚，复为荣王赵与芮门客。出入贾似道、史宅之之门，后困顿而死。据考证，吴文英有两妾，一名燕，生于湖南，娶于苏州，后在苏州去世。一为杭州人，不久休弃。吴文英知音律，能自度曲，代表作《梦窗词》，存词341首。

吴文英的创作阴柔婉曲、含蓄蕴藉，为其后婉约词树立了榜样，对当时和后世都产生了很大的影响，被称“词中李商隐”。如清代纳兰性德在词中抒写自我的相思别恋，表现男子的情爱心理方面，多少受到了吴文英情词的影响。清代中叶以后，词坛几乎都受到了《梦窗词》的影响。

●译文

梦里旧地寻游，又来到当年的庭院，见茂密的花丛遮住院门。夕阳无语，归来的燕子也仿佛带着万般哀愁。一阵幽香浮动，突然回首，看见一双纤纤玉手，正拉动窗帘的帘钩。

醒来见春夜月色朦胧，杨花飞舞，柳絮无声地飘零，好像春天落下的眼泪。天上高悬着一轮明月，云朵经过，将月光轻轻遮住，好似少女含羞。一阵料峭的凉风吹过，感觉寒气刺骨，仿佛凄冷的秋风。

●解读

只有在梦里，才能再次回到你的身边。梦里月光洒落庭院，空气中花香浮动，和着淡淡的哀愁。推开院门，我到处找寻你的踪迹，蓦然回首，见你正站在窗前，拉开帘幕。一切都是旧时的模样，仿佛我们从未分离，也将永远守候在一起。

醒来只有杨花漫天飞舞，一轮月亮在云中穿行，冷风吹过，心中凄凉。如果能够留在梦里，永远不会醒来，我是不是便能与你偕老？可是人生啊，它如此悲伤，总是大梦一场，转瞬成空。

这首词借梦写情，借梦怀人，更见情痴，不落窠臼。整首词情景交融，颇为含蓄。上阕写梦游旧地，下阕用比兴手法，写梦醒之后，体会到的离别的苦痛。词人在对比中，不但写出初春时节的清冷之境，而且蕴含着深深的思念、孤独与哀伤。

清末诗人俞陛云在《唐五代两宋词选释》中点评此词：句法将纵还收，似沾非着，以蕴酿之思，运妍秀之笔，可平睨方回，揽裾小晏矣。结句尤凄韵悠然。

Wind through Pines

Wu Wenying

Hearing the wind and rain while mourning for the dead,
Sadly I draft an elegy on flowers.
Over dark green lane hang willow twigs like thread,
We parted before the bowers.
Each twig revealing,
Our tender feeling.
I drown my grief in wine in chilly spring;
Drowsy,I wake again when orioles sing.

In West Garden I sweep the pathway
From day to day,
Enjoying the fine view,
Still without you.
On the ropes of the swing the wasps often alight
For fragrance spread by fingers fair.
I'm grieved not to see your foot traces, all night
The mossy steps are left untrodden there.

风入松·听风听雨过清明

吴文英

听风听雨过清明，愁草瘗花铭。楼前绿暗分携路，一丝柳、一寸柔情。料峭春寒中酒，交加晓梦啼莺。

西园日日扫林亭，依旧赏新晴。黄蜂频扑秋千索，有当时、纤手香凝。惆怅双鸳不到，幽阶一夜苔生。

知识小贴士

这是词人在西园中的怀人之作。近代学者陈洵在《海绡说词》中认为，此首词是“思去妾”之作。西园在吴地，是词人和恋人的寓所，二人亦在此分手，所以西园是悲欢交织之地。吴文英在词中常常提到西园，可见此地实乃让他魂牵梦绕之地。

此词上阕写伤春怀人的满腔愁思，下阕写伤春怀人的痴想。风格质朴淡雅，不事雕琢，也不引经据典，读来委婉细腻，情深意切。

清代词人谭献在《谭评词辨》中曰：此是梦窗极经意词，有五季遗响。“黄蜂”二句，是痴语，是深语。结处见温厚。清代词人陈廷焯在《白雨斋词话》中点评曰：情深而语极纯雅，词中高境也。

●译文

清明，坐听凄风苦雨。打扫满地的落花，将它们埋葬，但心中依然哀痛，于是草拟一首《瘗花铭》。当年我们离别时的楼前那条小路，如今已是杨柳成荫，万千枝条在风中摇曳，每一缕柳丝，都寄托着一份柔情。料峭春寒中我唯有借酒浇愁，希望醉后梦中能与你相见，无奈春梦短暂，被莺啼声惊醒。

西园的亭台林木，我每日都去打扫，雨后新晴，到园中赏春。见一群群黄蜂，频频扑向秋千绳索，那里还有你纤手留下的芳香。惆怅穿着鸳鸯绣鞋的佳人，再也不曾来过，幽静的台阶上，一夜间便生出绿色的青苔。

●解读

清明时节，我坐在窗前，看风雨如晦，花落了一地。你已远在天涯，不知是否还能相聚。也许漫漫一生，此后再无交集。

梦里寻不到你，雨中也没有你的踪迹。唯有旧日草木，饱含深情，依然记得秋千架上，你曾留下的清脆笑声。听见鸟儿在林中啁啾歌唱，一声一声，仿佛唤你，归来啊归来！

雲溪漁

Song of More Sugar

Wu Wenying

Where comes sorrow? Autumn on the heart
Of those who part.
See the banana trees
Sigh without rain or breeze!
All say that cool and nice is night,
But I won't climb the height
For fear of the moon bright.

My years have passed in dreams
Like flowers on the streams.
The swallow gone away,
In alien land I still stay.
O willow twigs, long as you are,
Why don't you gird her waist and bar
Her way from going afar?

唐多令·惜别

吴文英

何处合成愁，离人心上秋。纵芭蕉、不雨也飕飕。都道晚凉天气好，有明月、怕登楼。

年事梦中休，花空烟水流。燕辞归、客尚淹留。垂柳不萦裙带住，漫长是、系行舟。

知识小贴士

这首词写的是羁旅怀人。全词自然浑成，反映了作者在飘泊中的失意情怀。词的上阕，就眼前之景抒发离别之愁。下阕再进一步，展示词人的深层思绪，将与恋人的惜别，赋予更深的内涵，折射出词人提笔时的复杂心境和离别之际的纷乱意绪。

开头先点“愁”字，语带双关。从字面看，“愁”字是由“秋、心”二字拼合而成，所以此处又近于字谜游戏。这种手法在古代歌谣中常见，但此处如信手拈来，毫无造作之嫌，且紧扣秋思离愁的主题。结尾也颇有趣，写恋人已去，而自己既留，不明说理由，只是埋怨柳丝系或不系，无赖至极，却又耐人寻味。

清末诗人俞陛云在《唐五代两宋词选释》中点评：首二句以“心上秋”合成“愁”字，犹古乐府之“山上复有山”，合成征人“出”字。金章宗之“二人土上坐”，皆借字以传情，妙语也。“垂柳”二句与《好事近》“藕丝缆船”同意。“明月”及“燕归”二句，虽诗词中恒径，而句则颇耐吟讽。张叔夏以“疏快”两字评之，殊当。

●译文

“愁”字如何组成的呢，不过是在离人的心上，加个秋字。虽然没有下雨，但芭蕉却在飒飒秋风中，发出凄凉的声响。别人都说晚凉时天气最好，我却害怕登上高楼，夜空上一轮明月，洒下凄清的月光，更让我生出万般哀愁。

往事如梦，花谢花飞，滚滚烟波，向东奔流。燕子已飞回南方故土，只有我这游子，还羁身异乡。丝丝垂柳不能系住你的裙带将你留下，却牢牢拴住了我的行舟。

●解读

思念你的时候，人间一切都染上了哀愁。水上烟波浩渺，天空阴云密布，雨后，风吹动芭蕉树叶，飒飒作响，满是凄清。人活一世，竟不如鸟儿、花儿自由，鸟儿可以年年南下，飞回故土；花草也会在秋天时回归泥土，明年又是勃勃生机。

人生如此短暂，一年一年花落花飞，眼看着皱纹爬上额头，鬓角染满了秋霜，可是我们依然相距千里，仿佛一生不能再见。离别时的风啊雨啊，为何不帮我留下离去的恋人，却无情地拴住我归去的舟楫。望着连绵不绝的群山，满是天涯羁旅的长恨！

Treading on Grass
Crabapple Flowers Viewed in Rain

Liu Chenweng

I'll fated beauty in view,
How can I not fall in love with you?
I'm broken-hearted to see you fade.
In wind and rain fine day's no more;
You've shed all rouged tears by the balustrade.
To my regret you are not in full bloom,
When you're in bloom, I fall in gloom.
For spring is cold and I must shut the door.
When the day's fine, I see you sigh,
Wordless, veiled by the screen, languid and shy.

踏莎行·雨中观海棠

刘辰翁

命薄佳人，情钟我辈。海棠开后心如碎。斜风细雨不曾晴，倚阑滴尽胭脂泪。

恨不能开，开时又背。春寒只了房栊闭。待他晴后得君来，无言掩帐羞憔悴。

刘辰翁（1232 年—1297 年）

南宋末年爱国词人，文学评论家，吉州庐陵（今江西吉安）人。景定进士。廷试对策时，因触犯贾似道，置于丙等。曾任濂溪书院山长、临安府学教授。宋亡后，刘辰翁矢志不仕，回乡隐居，埋头著书，以此终老。其词风格豪放沉郁而不求藻饰，真挚动人，力透纸背。作词数量位居宋朝第三，仅次于辛弃疾、苏轼。代表作品《兰陵王·丙子送春》《永遇乐·璧月初晴》等。

刘辰翁童年不幸，几岁其父便病重去世，与母亲相依为命。其母为大家闺秀，知书达礼，用心教育孩子。刘辰翁天生聪颖，又感怀母亲辛劳，读书极其用功。其生活于改朝换代之间，走过了不平凡的一生。他敢于与奸臣斗争，勇于参与文天祥大军，并推动文学艺术的发展，培养了不少有影响力的名士。娶妻萧氏，生两子。

●译文

看那海棠，如薄命佳人，刚刚绽放，便遭风吹雨打，残红遍地，让人心碎。春雨绵绵不绝，洒落在倚栏的海棠花上，红似胭脂的海棠花上雨滴轻轻落下，好像伤春的泪水永无休止。

盼着那绚丽的海棠花早日开放，等它绽放，却又碰上阴雨绵绵，春寒料峭，只能将窗户紧闭。等到风和日丽，那娇俏的海棠啊，却因风雨摧残，容颜憔悴，掩帐无言，羞于与君见。

●解读

这是一首咏物词。词人借海棠被风雨摧残，落红满地，表达春天短暂、青春易逝的哀愁以及不能在怒放时与恋人相见的悲伤。

清代沈祥龙说：“咏物之作，在借物以寓性情，凡身世之感，君国之忧，隐然蕴于其内。斯寄托遥深，非沾沾焉咏一物矣。”词人在“观海棠”的过程中，爱花、惜花的情感交织着家国之忧、生命之叹、青春之惜。而读者也通过作品营造出的想象的空间、曲折深邃的意境，与词人产生共鸣。

千百年来，短暂易逝的生命，尤其是昙花一现般璀璨夺目又倏然结束的青春，引得多少文人墨客感叹伤怀。但这流星般划过夜空的绚烂瞬间，却也同样让我们对生命充满了敬畏与怜惜。恰是生命的短暂，恰是生命本身的光芒和动人的呼吸，时刻提醒着我们，人应当在正当爱时尽情去爱，抛弃所有世俗的负累，尽情地汲取爱情的汁液，如此方不辜负这短暂的一程人生。每个人都将化为满地落红，风吹雨打之后，就连这落红也将被踩入淤泥，化为尘埃。那么，当你爱的那个人啊，她发出深情的呼唤；当你依然有蓬勃的生命力，且去欢爱，且去歌舞吧！哪怕窗外凄风苦雨，也要打伞去看一眼天地间那朵怒放的海棠，莫要等风停雨歇，剩了满地残红，才将她忽然忆起。

Silk-washing Stream

Li Qingzhao

Her lotuslike fair face brightens with a gleaming smile;
Beside a duck-shaded censer her fragrant cheeks beguile.
But when you see the winks,
You'll guess at what she thinks.
Her head inclined, her face
Reveals a hidden grace.
"To my regret," she writes, "you did not keep the date.
When flowers are steeped in moonlight, don't again be late!"

浣溪沙·闺情

李清照

绣面芙蓉一笑开，斜飞宝鸭衬香腮。眼波才动被人猜。

一面风情深有韵，半笺娇恨寄幽怀。月移花影约重来。

李清照（1084年—约1151年）

号易安居士，齐州章丘（今山东济南章丘西北）人，居济南。宋代女词人，婉约派代表，有“千古第一才女”之称。李清照出身于书香门第，早期生活优裕。出嫁后与丈夫赵明诚共同致力于书画金石的搜集整理。金兵入据中原时，流寓南方，境遇孤苦。所作词，前期多写其悠闲生活，后期多悲叹身世，情调感伤。后人辑有《漱玉集》《漱玉词》。

李清照与赵明诚感情甚笃，但建炎三年（1129年），因赵明诚罢守江宁，独自弃城而逃，夫妇关系生出裂痕。后李清照作《夏日绝句》以吊项羽，赵明诚愧疚，从此郁郁寡欢，不久便罹患疟疾而亡。49岁时，李清照被觊觎金石文物的男人张汝舟骗婚，婚后不久，张汝舟便对李清照拳脚相加。李清照冒着妻告夫也要同时入狱的危险，将张汝舟营私舞弊、虚报举数骗取官职的罪行告发，并要求离婚。后查清属实，张汝舟被革职，李清照入狱九日后，经亲友营救获释。

●译文

她嫣然一笑，脸上的芙蓉贴饰也跟着迎风而绽。斜坠的宝鸭头饰，衬着雪白的香腮。眼波流转，仿佛可以开口说话。

她风情万种，满含深韵，笔下的纸笺写了一半，全是娇嗔与相思。月上阑干，花影摇动，正是与他相约再聚的好时光。

●解读

这首词写一位巧笑倩兮、美目盼兮的少女与心上人幽会，又写信相约其再会的情景，生动表达出少女细腻的心思。上阕写少女的美丽妆饰和容貌，下阕写少女的行为及内心世界。全词语言活泼自然，格调明朗欢快。研究者推测此词是李清照早期作品，当时词人尚处在少女年纪，对美好的爱情充满了向往。

这首词生动再现了青春期少女芳心初动时，复杂矛盾的心理。她倩然一笑，美丽俏皮；她眼波流转，细腻羞涩；她凝视花月，苦苦思念；她写信抒怀，大胆追求。一个深陷初恋爱河的娇蛮少女的形象，跃然纸上。

心爱的人啊，你可知人生短暂易逝，爱情弥足珍贵？我正在最美的青春年华，花朵一样在枝头娇羞绽放，只希望你啊，能时常路过，将我深深地凝视。上次相逢，仿佛甘霖，滋润我到而今。我所有的美丽，都只为你一个人怒放，爱情的光芒照亮我的每一片花瓣，让我在天地间流光溢彩。我所有的微笑，都只为你一个人流淌，那是爱情化成的永不枯竭的河流。就在我最璀璨的此刻，享用我吧，不要让我错过了爱情的花期。因为我终究会年华老去，化为尘埃，只愿此刻我绚烂的容颜，全部被你珍藏。

A Lonely Swan

Li Qingzhao

Woke up at dawn on cane-seat couch with silken screen,
How can I tell my endless sorrow keen?
With incense burnt, the censer cold
Keeps company with my stagnant heart as of old.
The flute thrice played
Breaks the mume's vernal heart which vernal thoughts invade.

A grizzling wind and drizzling rain
Call forth streams of tears again.
The flutist gone, deserted is the bower of jade
Who'd lean with me, broken-hearted, on the balustrade?
A twig of mume blossoms broken off, to whom can I
Send it, on earth or on high?

孤雁儿·藤床纸帐朝眠起

李清照

藤床纸帐朝眠起，说不尽无佳思。沈香断续玉炉寒，伴我情怀如水。笛声三弄，梅心惊破，多少春情意。

小风疏雨萧萧地，又催下千行泪。吹箫人去玉楼空，肠断与谁同倚。一枝折得，人间天上，没个人堪寄。

知识小贴士

这首词写于李清照丈夫赵明诚去世之后，系李清照晚年作品。词人将哀伤化为深沉的思念，任何一件细小的事物，都会勾起她对亡夫的怀念。她在此词序言中写道："世人作梅词，下笔便俗。予试作一篇，乃知前言不妄耳。"

全词虽然写的是梅，实则是借梅抒怀，词人既没有直接描绘梅的颜色、芳香和姿态，也没有歌颂梅花的品性，而是将梅作为个人生命悲欢的见证者。作者的一腔相思，先是被梅笛挑起，被绽放的梅花惊动，后又因折梅后无人共赏，无人可寄，陷入无可排解的长恨之中。

●译文

初春的早晨，在藤床纸帐中醒来，心中充满无尽的愁思。房间内只有时断时续的熏香，和慢慢冷却的玉炉相伴，心绪如水，一片凄凉。《梅花三弄》的笛曲，吹开了枝头的梅花，春天虽然来临，内心却有无限的幽恨。

门外细雨潇潇，冷风吹个不停，催下我眼泪千行。吹箫人已经逝去，人去楼空，纵有梅花好景，又有谁与我倚栏同赏？折下一枝梅花，天上人间，一片苍茫，却没有一人可以寄赠。

●解读

与相爱的人阴阳相隔，除了死亡，我们永远无法再相聚，这生离死别的痛苦，有谁能知？想起那时你还在我的身边，每个盎然的春天，我都会采一枝梅花送你。我以为这样温暖的一刻，永远不会消失，你会陪伴在我的身边，我也会与你相依相随。四季轮回，春天每年都如期而至，可你却再也不会接过我的梅花，低头嗅一嗅清幽的香气，道一声："春天来了。"

只有清冷的春雨，化作无尽的眼泪，在天地间绵绵不绝。冰冷的栏杆旁，再不见你轻轻走来，为我披一件衣衫，与我俯身共赏园中花朵。想问一问那朵粉色的梅花，你可是去年我与爱人一起看过的那朵？那时你娇羞俏皮，满面含春，为何而今却泪水盈盈，无限哀愁？

A Twig of Mume Blossoms

Li Qingzhao

Fragrant lotus blooms fade, autumn chills mat of jade.
My silk robe doffed,I float Alone in orchid boat.
Who in the cloud would bring me letters in brocade?
When swans come back in flight,
My bower is steeped in moonlight.
As fallen flowers drift and water runs its way,
One longing leaves no traces
But overflows two places.
O how can such lovesickness be driven away?
From eyebrows kept apart, Again it gnaws my heart.

一剪梅·红藕香残玉簟秋

李清照

红藕香残玉簟秋。轻解罗裳，独上兰舟。云中谁寄锦书来，雁字回时，月满西楼。

花自飘零水自流。一种相思，两处闲愁。此情无计可消除，才下眉头，却上心头。

●译文

粉红色的荷花已经凋谢，幽香也已消散，冷滑如玉的竹席，透出秋的凉意。换下绫罗裙，独自登上一叶小船。仰头凝望远天白云，谁会将锦书寄来？雁群飞回来时，月光满照西楼。

落花独自地飘零着，水独自地流淌着。一样离别的相思，牵动起你我两处的闲愁。这相思，这闲愁，实在无法排遣，刚刚从微蹙的眉间消失，又隐隐缠绕上了心头。

●解读

根据李清照带有自传性的《金石录后序》所言，宋徽宗建中靖国元年（1101 年），李清照嫁与赵明诚，二人兴趣爱好相同，情感甚笃。后因李清照之父李格非在党争中蒙冤，李清照亦受株连，被迫还乡。此词应作于词人与丈夫赵明诚离别之后。

“红藕香残玉簟秋”，起句写词人目睹池中荷花色香俱残，回房倚靠竹席，颇有凉意，原来秋天已至。这一句含义极其丰富，不仅刻画出时节景色，而且烘托出词人情怀。有词评家称此句有“吞梅嚼雪、不食人间烟火气象”（梁绍壬《两般秋雨庵随笔》），或赞赏其“精秀特绝”（陈廷焯《白雨斋词话》）。

“轻解罗裳，独上兰舟”是写白天泛舟水上之事。轻、独，表示她单人简行，连侍女也没跟着。“独上兰舟”，她想借泛舟以消愁，并非闲情逸致游玩。此刻，女词人远眺天际白云，原来她是企盼丈夫能寄“锦书来”。“雁字”即是眼中实景，更是心中期盼，因为在传统意象中，“鸿雁”已是“信使”的美称。“月满西楼”，可以理解为他日夫妻相聚之时，临窗望月，共话彼此相思之情。此句颇有李商隐“何当共剪西窗烛”的意境。

下阕“花自飘零水自流”，这一句含有两个意思。看眼前，花落水流，是写实景。另一层含义，“花自飘零”，是词人自比，感叹自己的青春年华如花一样空自凋残；“水自流”，是说丈夫远行了，像悠悠江水空自流。“一种相思，两处闲愁”，由己及人，相爱的人总是心有灵犀，我想着你，你也一定在想着我吧。这个独特的构思也体现了李清照与赵明诚夫妇二人心心相印、情笃爱深。“此情无计可消除，才下眉头，却上心头。”这种相思之情始终笼罩心头，无法排遣，愁眉刚刚舒展，思念又涌上心头，真是挥之不去，遣之不走啊。“才下”“却上”两个词用得很好，这一句和李煜的《相见欢》“剪不断，理还乱，是离愁，别是一般滋味在心头”有异曲同工之妙境，成为千古绝唱。

整首词笔调清新，情感细腻。词人以独特的感受和体验，以女性特有的沉挚情感，精准、精妙地表达出世间最朴素却最真切的一种情感，于是这首词就产生了永久的艺术魅力。

●创作特色

李清照（1084 年—1151 年），号易安居士，山东济南人。父亲李格非是位经学家，又以散文见赏于苏轼，母亲王氏也有较好的文化修养。她生长在这种文学气氛浓厚的家庭，自小便养成了广泛的兴趣和多方面的艺术才能，与她同时的王灼在《碧鸡漫志》中称她“自少年便有诗名，才力华赡，逼近前辈”。除了兼善诗、词、文外，她对绘画、书法、音乐都有一定的造诣。最可贵的是，她并不是古代常见的那种视野狭窄的闺阁女子，而是一位有见识、有才华的女性，十几岁就写出《浯溪中兴颂诗和张文潜》以借古讽今。十八岁嫁给太学生赵明诚，明诚酷爱金石图书，又能写诗填词。他们在一起鉴赏书画、唱和诗词、校勘古籍，夫妻生活和谐温暖而又富于诗意。明诚父赵挺之以依附奸臣蔡京位极丞相。赵、蔡二人本是相互利用，挺之一死，蔡京便唆使党徒弹劾他有贪污之嫌，几乎全家招致灭门之祸。受了这次打击，明诚带清照回故乡青州屏居近十年。后来清照又随他出任莱州、淄州太守。

金兵南侵打破了他们平静美满的家庭生活，他们只携带极少部分金石书画匆匆南奔。建炎三年（1129 年）

明诚被任命为湖州知府，赴任途中病死建康。李清照的晚年承受着国破家亡的双重打击，夫妇视如性命的金石书画也丧失殆尽，她所拥有的只有破碎的祖国、破碎的家庭和一颗破碎的心，只身漂泊于杭州、越州、台州、金华一带，在孤独凄凉中离开人世。

李清照是我国古代女性作家中罕见的多面手，诗、词、文都有很高的成就。诗风刚健遒劲，如《夏日绝句》虎虎生风："生当作人杰，死亦为鬼雄；至今思项羽，不肯过江东！"又如断句"南渡衣冠少王导，北来消息欠刘琨"，以及《上枢密韩公、工部尚书胡公》："欲将血泪寄山河，去洒东山一抔土。"其豪情英气不让须眉。《金石录后序》是一篇笔致疏秀的优美散文。不过，她在文学史上的地位主要由其词奠定的。在阐述她的词作之前，先看看她那篇著名的《词论》：

乐府声诗并著，最盛于唐。开元、天宝间，有李八郎者，能歌擅天下。时新及第进士开宴曲江，榜中一名士，先召李，使易服隐姓名，衣冠故敝，精神惨沮，与同之宴所。曰："表弟愿与坐末。"众皆不顾。既酒行乐作，歌者进，时曹元谦、念奴为冠，歌罢，众皆咨嗟称赏。名士忽指李曰："请表弟歌。"众皆哂，或有怒者。及转喉发声，歌一曲，众皆泣下。罗拜曰：此李八郎也。”自后郑、卫之声日炽，流靡之变日烦。已有《菩萨蛮》《春光好》《莎鸡子》《更漏子》《浣溪沙》《梦江南》《渔父》等词，不可遍举。五代干戈，四海瓜分豆剖，斯文道息。独江南李氏君臣尚文雅，故有“小楼吹彻玉笙寒”“吹皱一池春水”之词。语虽甚奇，所谓“亡国之音哀以思”也。逮至本朝，礼乐文武大备。又涵养百余年，始有柳屯田永者，变旧声作新声，出《乐章集》，大得声称于世；虽协音律，而词语尘下。又有张子野、宋子京兄弟，沈唐、元绛、晁次膺辈继出，虽时时有妙语，而破碎何足名家！至晏元献、欧阳永叔、苏子瞻，学际天人，作为小歌词，直如酌蠡水于大海，然皆句读不葺之诗尔。又往往不协音律，何耶？盖诗文分平侧，而歌词分五音，又分五声，又分六律，又分清浊轻重。且如近世所谓《声声慢》《雨中花》《喜迁莺》，既押平声韵，又押入声韵；《玉楼春》本押平声韵，有押去声，又押入声。本押仄声韵，如押上声则协；如押入声，则不可歌矣。王介甫、曾子固，文章似西汉，若作一小歌词，则人必绝倒，不可读也。乃知词别是一家，知之者少。后晏叔原、贺方回、秦少游、黄鲁直出，始能知之。

又晏苦无铺叙。贺苦少重典。秦即专主情致，而少故实。譬如贫家美女，虽极妍丽丰逸，而终乏富贵态。黄即尚故实而多疵病，譬如良玉有瑕，价自减半矣。

早于李清照的柳永和苏轼从不同方面革新了词体词风，柳把铺叙的手法引入词中从而发展了慢词，苏以词来抒情言志从而突破了词为艳科的藩篱，他们都给晚唐以来形成的词的传统以有力的冲击，在词坛上产生了巨大的影响。李清照的《词论》对柳永和苏轼都表示了程度不同的不满：既鄙薄柳永将词俗化，也反对苏轼将词诗化，因而提出词“别是一家”的主张，重新划定词与诗的疆域和分野，维护词这种特殊体裁的独立品格。她对词的见解和要求总括起来有如下几点：一、词的格调应当高雅，不能像柳永那样“词语尘下”；二、词的语言应当浑成，“有妙语而破碎”则不足以名家；三、词的声调应当协乐，要分五音、六律和清浊轻重音，苏轼等人的词只是“句读不葺”之诗，王安石的词更是令人绝倒；四、词的风格应当典重；五、填词应当擅长铺叙；六、作词应当“尚故实”，如专主情致而不尚故实，就像妍丽的贫家女而乏“富贵态”。这篇《词论》名作显示了李清照对词的见解之深、要求之严和眼界之高。

《词论》可能作于李清照的早年，代表了当时一般士人对词的看法。她强调词自身的特性，强调词与音乐的密切关系，要求词的格调高雅和语言浑融，对于词的发展无疑有其积极的一面；但对于诗词界限的区分过于绝对，忽视了这两种相邻艺术形式之间的相互影响和借鉴，对词风、词格的限定过于狭窄，这对于词的发展又有其消极保守的一面。《词论》的理论也在一定程度上影响了李清照填词的创作，许多写进她诗歌的现实生活不能反映到她的词里来，限制了她的词反映社会的广度和深度。幸好，她早年的创作并未死守自己的理论框框，如她很少在词中“掉书袋”，只用清纯的文学语言或口语而不“尚故实”，词风也并不一味“典重”，老来填词更不为自己的理论所限。

李清照生长的家庭环境相对开明，婚后的夫妻生活美满幸福，这养成她开朗、热情、活泼的个性，也养成她热爱生活、热爱自然的人生态度，《点绛唇》就是这种性格的生动写照：

蹴罢秋千，起来慵整纤纤手。露浓花瘦，薄汗轻衣透。

见客入来，袜刬金钗溜。和羞走，倚门回首，却把青梅嗅。

词中这位天真活泼且有几分顽皮的少女，大不同于封建社会常见的那种文弱持重的大家闺秀，以致有人怀疑它是否为李清照所作。

李清照的前期词主要写闺阁生活，不管是反映少女的单纯天真，还是抒写少妇的悠闲风雅，无不表现出浓厚的生活兴致，无不洋溢着青春的朝气与活力。

每当丈夫游宦在外时，她总流露出抑郁、烦恼和不安的情绪，但这种抑郁、烦恼和不安又交织着自己对爱情生活的珍视与回味，对丈夫深深的依恋和真挚的思念：

薄雾浓云愁永昼，瑞脑消金兽。佳节又重阳，玉枕纱厨，半夜凉初透。

东篱把酒黄昏后，有暗香盈袖。莫道不消魂，帘卷西风，人比黄花瘦。

这是一位贤淑忠贞的妻子在倾诉对远离的丈夫深切缠绵的思念，她以委婉熨帖的笔调大胆热情地讴歌爱情，真率诚挚地坦露心曲。所用的语言清丽秀雅，所抒写的爱情热烈深沉，“莫道不销魂，帘卷西风，人比黄花瘦”“此情无计可消除，才下眉头，却上心头”。辞情双绝，令人惊叹！

南渡后其词主要抒写国破家亡的沉哀巨痛。国与家突如其来的双重变故，使她的词从内容到格调一变旧貌，凄凉哀怨取代了早年的明朗欢愉。与前期词相比，后期词中的情感更具有社会内涵和历史深度：

落日熔金，暮云合璧，人在何处。染柳烟浓，吹梅笛怨，春意知几许。元宵佳节，融和天气，次第岂无风雨。来相召、香车宝马，谢他酒朋诗侣。（熔金一作：镕金）

中州盛日，闺门多暇，记得偏重三五。铺翠冠儿，捻金雪柳，簇带争济楚。如今憔悴，风鬟霜鬓，怕见夜间出去。不如向、帘儿底下，听人笑语。

即使在“染柳烟浓，吹梅笛怨”的元宵佳节，她还是谢绝了“酒朋诗侣”的赏玩之请，只以憔悴衰容和悲凉心境“向帘儿底下，听人笑语”，遥想自己青年时每逢元宵节是那样快乐，无忧无虑，着意打扮，与别的女孩“簇带争济楚”，相比之下眼前的处境和心境多么凄楚！正是“中州盛日”带来她往日的欢愉，又正是国家分裂动荡造成她如今的痛苦，所以个人苦乐的背后是民族国家的兴衰，个人的命运与民族的命运息息相关，现在她正与民族一起受难，因此她一己的悲欢曲折地表现了全民族的共同心声，难怪宋末的爱国词人刘辰翁每诵此词就“为之涕下”（《须溪词》）了。

国家已经四分五裂，自己也是夫死家亡，她后半辈子的生命历程是在没有亲人、没有温暖甚至见不到一点希望中走完的，她再也没有当年“沉醉不知归路”(《如梦令》)的逸兴，再也不可能与丈夫“相对展玩”(《金石录后序》）金石书画，甚至连家国也得在梦中去“认取长安道”（《蝶恋花》），因此，情哀调苦是她后期词的共同特征。

她在婉约派传统的题材上融入了自己独特的体验，尤其是后期词在情感的沉郁深挚上有过前人，而她在艺术上更显示出不凡的创造力，《四库全书总目提要》称其“词格乃抗轶周、柳……虽篇帙无多，固不能不宝而存之，为词家一大宗矣”。如《声声慢》：

寻寻觅觅，冷冷清清，凄凄惨惨戚戚。乍暖还寒时候，最难将息。三杯两盏淡酒，怎敌他、晚来风急！雁过也，正伤心，却是旧时相识。

满地黄花堆积，憔悴损，如今有谁堪摘？守着窗儿，独自怎生得黑！梧桐更兼细雨，到黄昏、点点滴滴。这次第，怎一个愁字了得！（守着窗儿 一作：守著窗儿）

首句连用十四个叠字已属创意出奇，而且全词九十七字中用十五个舌声字、四十二个齿声字，如词尾几句："梧桐更兼细雨，到黄昏、点点滴滴，这次第，怎一个愁字了得？"舌音和齿音交替使用，有意以咬牙郑重叮咛的口吻抒发自己心底的悲哀（参见夏承焘《月轮山词论集·李清照词的艺术特色》）。

李清照词韵格高妙，前人曾许之以"神韵天然""词格高秀"（见王士禛《花草蒙拾》《四库全书简明目录》）。无论前期词的明朗还是后期词的哀婉，其格调都幽淡素雅，即使寻常的写景之作也不涉艳俗，显示了这位女词人特有的灵襟秀气。

李清照词艺术上的最大特点是以"寻常语度入音律"（张端义《贵耳集》卷上），她的词中很少罗列典故或堆砌辞藻，兼采书面语和口语入词，并把它们融洽得清新自然、明白如话，如，“水光山色与人亲，说不尽、无穷好”“旧时天气旧时衣，只有情怀、不似旧家时”“甚霎儿晴，霎儿雨，霎儿风”，好像是脱口而出的口语，可骨子里透出清雅脱俗，处处流露出“不涂脂粉也风流”的秀气高雅。再如《一剪梅》中的“花自飘零水自流，一种相思，两处闲愁。此情无计可消除，才下眉头，却上心头”，把口语和俗语锤炼得清空一气，用俗而不失于俗，以平淡的语言创造了极不平凡的艺术。她这种清新自然、明白如话的语言，后来被称为“易安体”，从辛弃疾到刘辰翁都有“效易安体”之作，可见后人对其词风的倾倒和喜爱。

Bells Ringing in the Rain

Liu Yong

Cicadas chill
Drearily shrill.
We stand face to face in an evening hour
Before the pavilion, after a sudden shower.
Can we care for drinking before we part?
At the city gate
We are lingering late,
But the boat is waiting for me to depart.
Hand in hand we gaze at each other's tearful eyes
And burst into sobs with words congealed on our lips.
I'll go my way,
Far, far away.
On miles and miles of misty waves where sail ships,
And evening clouds hang low in boundless Southern skies.
Lovers would grieve at parting as of old.
How could I stand this clear autumn day so cold!
Where shall I be found at daybreak
From wine awake?
Moored by a riverbank planted with willow trees
Beneath the waning moon and in the morning breeze.
I'll be gone for a year.
In vain would good times and fine scenes appear.
However gallant I am on my part,
To whom can I lay bare my heart?

雨霖铃·寒蝉凄切

柳永

寒蝉凄切，对长亭晚，骤雨初歇。都门帐饮无绪，留恋处，兰舟催发。执手相看泪眼，竟无语凝噎。念去去，千里烟波，暮霭沉沉楚天阔。

多情自古伤离别，更那堪冷落清秋节。今宵酒醒何处？杨柳岸，晓风残月。此去经年，应是良辰好景虚设。便纵有千种风情，更与何人说！

●译文

秋日的傍晚，蝉鸣凄凉悲切，暮色中面对离别的长亭，一阵急雨刚刚停住。在京都城外设帐置宴饯别，却没有心绪举杯畅饮。情浓不舍之际，船家已在催促启程。握手相视，满眼泪花，千言万语凝在喉间说不出。想到这一经别去，相距千里，烟波渺远，那夜雾沉沉的楚地天空深远无边。

多情的人从来因别而伤，更何况这离别又逢萧索冷清的秋天。今夜酒醒后我会在哪里呢？恐怕只能在杨柳岸边，面对瑟瑟晨风和即将隐没的残月了。这一别不知道多少年才能相聚，以后的日子，就算遇到好天气、好风光，也如同虚设了。即使有满腹的情意，又能向谁倾诉呢？

●解读

《雨霖铃》是柳永的代表作。柳永科举之路不顺，三考三连败，越发消沉，于是纵游于秦楼楚馆、勾栏瓦舍。可以说，他的词大都是在这种“偎红倚翠”生活中“浅斟低唱”的产物。这首词便是柳永离开汴京南下杭州时与一位恋人的惜别之作。

这首词的主要内容是以冷落凄凉的秋景作为衬托，表达词人与情人难舍难分、缠绵悱恻的离情。事业的失意，情感的离别，这两种人生悲情交织在一起，连我们这些路人都会为之伤悲。

上阕主要写一对恋人难舍难分时的别景别情。寒蝉、长亭、骤雨，点明离别是在萧瑟凄冷的秋天、雨后的傍晚，这样的时间、环境，为整首词奠定了悲凉的情感基调。“都门”两句，面对一桌好酒好菜，却哪有心情举杯动筷呢？就在这两情依依、难舍难分之际，客船不断催促出发，真是欲留不得呀。“执手”两句，极写难舍、悲伤之情，一对情人伤心失魄之状犹在眼前，简直让旁观者也为之含泪。后一句，以“念”字起领，引出想象，浩渺的烟波、沉沉的暮霭、辽阔的天空，衬托出词人对前途茫茫、相会无期的忧思与伤情。

下阕主要写想象中离别后的孤寂伤感。别时感伤，人之常情，但接着“更那堪冷落清秋节”一句，是词人在强调自己的别离比别人承受着更多更大的痛苦——愁是心上加秋啊。“今宵”二句是千古传诵的名句。这是写酒醒后的心境，其实也是作者对自己漂泊人生的真实摹写。这一句含“情景交融”之妙，“景语即情语”：“柳”与“留”谐音，比喻难留的离情；晨风凄冷，写别后的心寒；残月破碎，意寓人也难团圆。真是句句含蓄而有余味。最后四句，更深一层推想离别以后惨不成欢、浓情无依的境况：世上比寂寞更悲伤的事，恐怕是寂寞无人知了吧。“更与何人说”把离别之情推向悲伤情感的高潮，真是“余恨无穷，余味不尽”（唐圭璋《唐宋词简释》）。

《雨霖铃·寒蝉凄切》是柳词和婉约词的代表作。全词情景交融，虚实相生，情感层层深入，起承转合优雅从容，不着痕迹，将情人惜别时的真情实感表达得缠绵悱恻，凄婉动人，堪称抒写别情的千古名篇。

●创作特色

词发展到柳永才真正"声色大开"，从所抒写的情感意绪，到用来抒写的语言、结构和体裁，无不令人耳目一新。自此而后，精致玲珑的小令就不能独领风骚了，春云舒卷的慢词开始与它平分秋色；语言不再一味地含蓄典雅，也可以通俗浅显明白如话；结构不再是半藏半露的浓缩蕴藉，而是如瓶泻水似的铺叙描摹。

可惜，这样一位在文学史上具有重要地位的词人，生前却没有什么社会地位，以致他的生平没有正史的可靠记载。我们仅知道，柳永（987？-1054？），原名三变，字耆卿，排行第七，故又称柳七。他出生于福建崇安县一个官宦人家，父亲柳宜在南唐时为监察御史，入宋后于太宗雍熙二年（985）登进士第，官至工部侍郎。这种家庭出身决定柳永必须像父兄那样走科举入仕的道路，但不幸的是他连考三次进士都以失利告终，痛苦之余写了一首《鹤冲天》发牢骚：

黄金榜上，偶失龙头望。明代暂遗贤，如何向。未遂风云便，争不恣狂荡。何须论得丧？才子词人，自是白衣卿相。

烟花巷陌，依约丹青屏障。幸有意中人，堪寻访。且恁偎红倚翠，风流事，平生畅。青春都一饷。忍把浮名，换了浅斟低唱！

柳永考进士之前就在汴京“多游狭邪”，还“好为淫冶讴歌之曲”，并以其“风流俊迈闻于一时”（见曾敏行《独醒杂志》等）。考试接二连三的失利不仅没有使他收敛，反而更傲然以“白衣卿相”自居，以“浅斟低唱”的浮荡来鄙弃封官晋爵的“浮名”，甚至还半是得意半是解嘲地说：“平生自负，风流才调。口儿里、道知张陈赵。唱新词，改难令，总知颠倒。解刷扮，能唓嗻，表里都峭……遇良辰，当美景，追欢买笑。”（《传花枝》）仕途越蹭蹬他就越放纵和消沉，纵游于秦楼楚馆勾栏瓦舍，毫无顾忌地与那些绮年玉貌的佳人厮混在一起。他的《乐章集》中第一个重要内容就是描写艳情和爱情。

柳永不只是了解和熟悉市井平民，而且是市井平民生活的参与者，因此他的艳情词或爱情词别具风味：

定风波·自春来

自春来、惨绿愁红，芳心是事可可。日上花梢，莺穿柳带，犹压香衾卧。暖酥消、腻云亸，终日厌厌倦梳裹。无那。恨薄情一去，音书无个。

早知恁么，悔当初、不把雕鞍锁。向鸡窗，只与蛮笺象管，拘束教吟课。镇相随、莫抛躲，针线闲拈伴伊坐。和我。免使年少，光阴虚过。

蝶恋花·伫倚危楼风细细

伫倚危楼风细细。望极春愁，黯黯生天际。草色烟光残照里。无言谁会凭阑意。

拟把疏狂图一醉。对酒当歌，强乐还无味。衣带渐宽终不悔。为伊消得人憔悴。

这两首词在语言上虽然有雅俗之分，但二者表达的方式都决绝直率。据北宋张舜民《画墁录》载，晏殊对“针线闲拈伴伊坐”公开鄙薄，想来他对“为伊消得人憔悴”也会皱眉。因为柳永以前，文人的艳情词是封建士大夫理想化的产物，词中的人物优雅清高一尘不染，从情感到格调都抹上了一层浓厚的贵族色彩，而柳词中的人物却是实实在在的市井小民。男的既没有不凡的器宇，也没有宏伟的抱负；女的谈吐既不高雅，感情也较平庸，有时甚至低俗浅薄。但他们不知道什么是矫揉造作，更不去故作斯文卖弄风骚，而是热情地品味人生的苦乐，真率地享受世间的男欢女爱。“镇相随，莫抛躲。针线闲拈伴伊坐”是纯真朴实的夫妻恩爱，“衣带渐宽终不悔，为伊消得人憔悴”更是执着专一的爱情，这些词真实地唱出了市井平民的心声。

景祐元年（1034）柳永才考中进士，那时他已经是四十八岁的老头了。中进士前他一直在江、浙、湘、鄂等地浪游，中进士后也长期过着奔波漂泊的游宦生活，先后做过睦州团练推官、定海晓峰场盐官，十几年后才得磨勘为京官，仕至屯田员外郎，后来人们称他为柳屯田。他的仕途既十分坎坷，他对游宦自然非常厌倦，因而，《乐章集》第二个重要的内容就是描写宦情羁旅。

他的宦情羁旅词表现了对官场生活的厌倦，对功名利禄的淡漠，他在《凤归云》中感叹道：“驱驱行役，苒苒光阴，蝇头利禄，蜗角功名，毕竟成何事，漫相高。”他常常惆怅“游宦成羁旅”（《安公子》），甚至不断追问“游宦区区成底事”（《满江红》）。就是那些认为他艳词冶荡低俗的人对他的宦情羁旅词也不敢小看，如对柳永颇有微词的苏轼就称赞“渐霜风凄紧，关河冷落，残照当楼”三句“不减唐人高处”（赵令畤《侯鲭录》）。他这类词中气象阔大高远、感情深挚悲凉之作不止这几句，除上面引词中的“念去去千里烟波，暮霭沉沉楚天阔暮”“夕阳岛外，秋风原上，目断四天垂”外，《乐章集》边幅宽远而境界阔大的佳作不在少数。

就其飞扬的神采、劲健的音节、阔大的境界而论，它们都“不减唐人高处”。郑文焯曾十分精到地说：“屯田则宋专家，其高浑处不减清真，长调尤能以沉雄之魄，清劲之气，写奇丽之情，作挥绰之声。”（《大鹤山人词话》）

与他对市井爱情的肯定、对游宦生涯的厌倦紧密相连的，是他对都市文明的热情歌颂，这是他词作的第三个重要内容，它们在数量上占《乐章集》的四分之一。从汴京“银塘似染，金堤如绣”（《笛家弄》）的富丽堂皇，到杭州“市列珠玑，户盈罗绮”（《望海潮》）的豪奢富庶；从苏州“万井千闾”（《瑞鹧鸪》）的繁华喧闹，到扬州“酒台花径仍存，凤箫依旧月中闻”（《临江仙》）的美丽风流，这里或人欲横流打情骂俏，或水戏舟动笛怨歌吟，或狂欢豪饮分曹射猎，他为我们展示了一幅幅新鲜刺激的都市风情画。《望海潮》是这类词的代表作：

东南形胜，三吴都会，钱塘自古繁华。烟柳画桥，风帘翠幕，参差十万人家。云树绕堤沙，怒涛卷霜雪，

天堑无涯。市列珠玑，户盈罗绮，竞豪奢。（三吴 一作：江吴）

重湖叠巘清嘉，有三秋桂子，十里荷花。羌管弄晴，菱歌泛夜，嬉嬉钓叟莲娃。千骑拥高牙，乘醉听箫鼓，吟赏烟霞。异日图将好景，归去凤池夸。

人们总是把柳永的艳情词称为“俗调”，把他的宦情词尊称为“雅词”，并把这二者完全割裂开来。其实二者在他身上具有深刻的内在联系：它们都来自词人对封建正统价值观的怀疑和否定，对传统的“读书—做官”这种人生模式的反叛。他追求和神往的不是治国齐家、扬名千古，不是跃马疆场、立功塞外，而是娼楼酒馆的温柔与销魂。在北宋最繁荣的时期，知识分子没有理想没有追求，把全副本领都使在花巷柳陌中，甚至以“风流才调”和“追欢买笑”自负，这不仅说明北宋社会潜伏着深刻的危机，也表明整个封建社会的思想基础已失去了维系人心的活力，这就是柳永词思想内容深刻的社会意义之所在。

当然，柳词在文学史上的地位主要还是由它的艺术价值奠定的。首先，他使慢词成为与小令双峰并峙的一种成熟的文学样式，在将旧曲翻新的同时，他还自制了许多新的词调，如《戚氏》《笛家弄》《夜半乐》等，使词能表现更丰富复杂的生活内容。他自创的新调多为慢词,《笛家弄》为125字,《夜半乐》144字,而《戚氏》竟长达212字,《夜半乐》和《戚氏》二调都为三片,如《乐章集》中的最长之调《戚氏》:

晚秋天,一霎微雨洒庭轩。槛菊萧疏,井梧零乱,惹残烟。凄然,望江关,飞云黯淡夕阳间。当时宋玉悲感,向此临水与登山。远道迢递,行人凄楚,倦听陇水潺湲。正蝉吟败叶,蛩响衰草,相应喧喧。

孤馆,度日如年。风露渐变,悄悄至更阑。长天净,绛河清浅,皓月婵娟。思绵绵。夜永对景,那堪屈指,暗想从前。未名未禄,绮陌红楼,往往经岁迁延。

帝里风光好,当年少日,暮宴朝欢。况有狂朋怪侣,遇当歌对酒竞流连。别来迅景如梭,旧游似梦,烟水程何限。念利名,憔悴长萦绊。追往事、空惨愁颜。漏箭移,稍觉轻寒。渐呜咽,画角数声残。对闲窗畔,停灯向晓,抱影无眠。

蔡嵩云在《柯亭词论》中说:"《戚氏》为屯田创调","用笔极有层次"。第一片从庭轩所见之景写悲秋之情,第二片从永夜逆馆之孤写"未名未禄"时"绮陌红楼"之乐,第三片接写"当年少日"与"狂朋怪侣"的"暮宴朝欢”，以反衬眼下“停灯向晓，抱影无眠”的孤客之恨，抒写他对自己为名利“长萦绊”的厌倦情怀。像《戚氏》《夜半乐》这一类他自创的长调，“章法大开大合，为后起清真、梦窗诸家所取法，信为创调名家”（蔡嵩云《柯亭词论》）。

其次，他探索了慢词铺叙承接的结构手法。周济在《宋四家词选》中指出：“柳词总以平叙见长，或发端，或结尾，或换头，以一二语句勾勒提掇，有千钧之力。”他的词在结构上“细密而妥溜”（刘熙载《艺概词曲概》），片与片之间的承接转换紧凑绵密，尤其善于用领字来勾勒与点染。如《八声甘州》（“对潇潇暮雨洒江天”）一词，开端用“对”字领起一个七言句和一个五言句，接着又用一个“渐”字顶住上面两个单句，领起下面三个四言偶句，中间连用“是处”“不忍”“望”“叹”字领起，使词意层层转深，最后由一个“想”字领起结尾的七句一贯到底，词的整个句法宛转相生，行文一气呵成。这首词在片与片的承接转换上也极见功力，上片的秋江暮雨、关河冷落、残照当楼、红衰翠减，本来是词人登高所见，下片换头处却说“不忍登高临远”，“不忍”在章法上是承上传下，在情感的抒发上则委婉曲折。

最后，柳词的语言极少用典，前期词常用市民的口语俗语，如上文引到的《定风波》中“是事可可”“厌厌”“无那”“无个”“恁么”“镇相随”“抛躲”，《锦堂春》中“认得”“消譬”“恁地”“争忍”“敢更”，还有《法曲第二》中“偷期”“草草”“怎生向”“自家”等，都是当时的口语俚语；后期词也多用朴素精练的白“无个”“恁么”“镇相随”“抛躲”，《锦堂春》中“认得”“消譬”“恁地”“争忍”“敢更”，还有《法曲第二》中“偷期”“草草”“怎生向”“自家”等，都是当时的口语俚语；后期词也多用朴素精练的白话，如《戚氏》中“度日如年”“暗想从前，未名未禄”，《望海潮》中“三秋桂子，十里荷花”等，难怪刘熙载称赞柳词的语言“明白而常家”（同上）了，柳词的字面通俗平易又和谐悦耳。

柳永积累的这些艺术经验，沾溉了当时和后来的许多词人，秦观和贺铸直接借鉴过它，周邦彦明显受惠于它，就是苏轼又何尝没有受过它的影响呢？

愛爾絕無脂粉向陽頗露精神溽暑
茅堂歇對素質清灑逸人
瞎尊者原濟
半閑齋頭

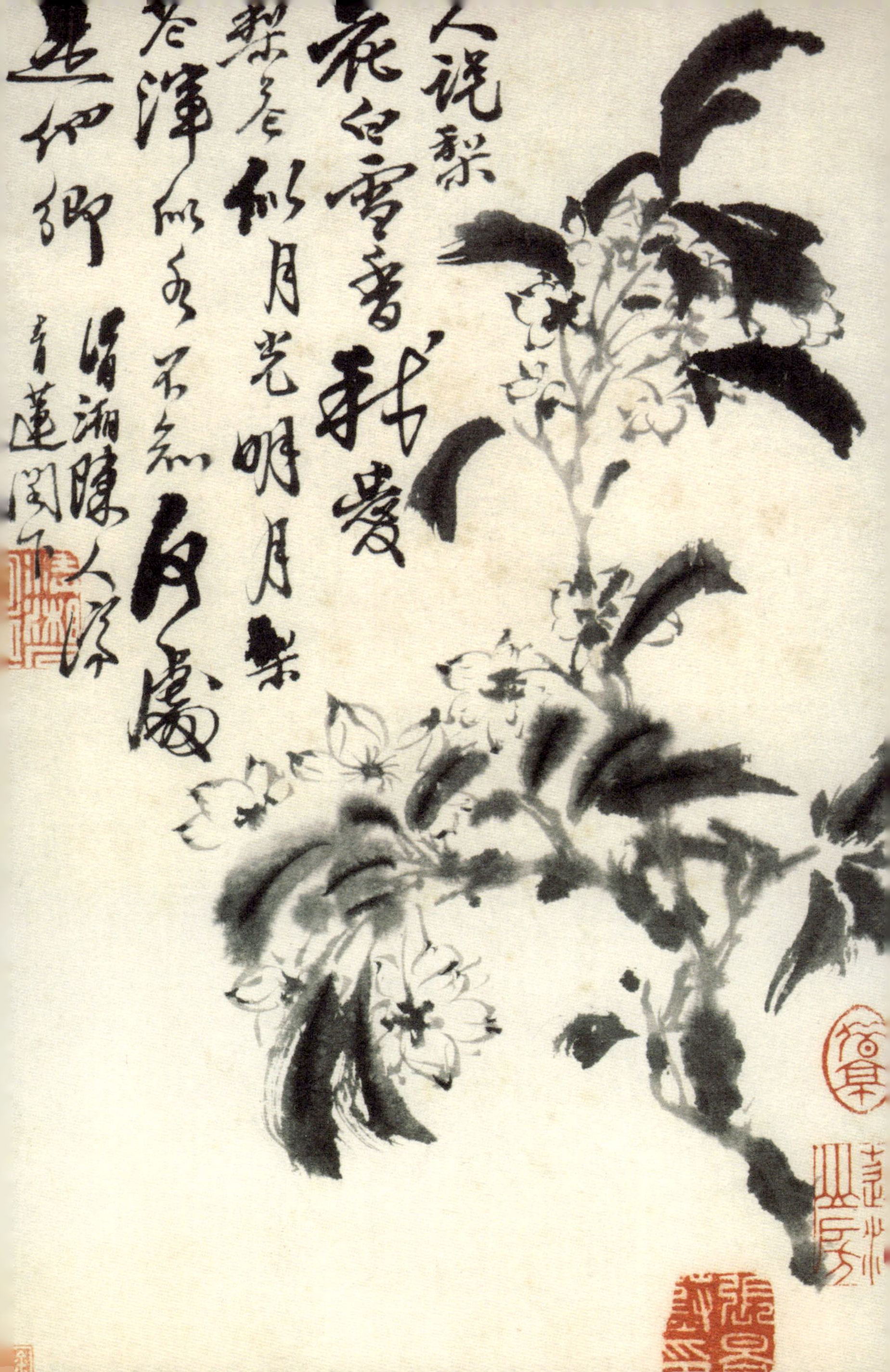

人在雲霞影裏
鳥飛錦帳之中陣
〻晚風搖蕩擧
杯月色朦朧
老濤

也至今予因寫其照於紙頗以
未老之春光啗斯墨汁淋時餘
艷且亦傲微冰雪也
濟